泉城文库

泉水文化丛书

第一辑　龚坚　主编

编著

陈明超　黄鹏

百脉泉泉群

济南出版社

图书在版编目（CIP）数据

百脉泉泉群 / 陈明超，黄鹏编著 . —— 济南：济南出版社，2024.7. ——（泉水文化丛书 / 雍坚主编）.
ISBN 978-7-5488-6606-0

Ⅰ . K928.4

中国国家版本馆 CIP 数据核字第 20244HH716 号

百脉泉泉群
BAIMAIQUAN QUANQUN
陈明超　黄　鹏　编著

出 版 人　谢金岭
责任编辑　苗静娴
封面设计　牛　钧
图片统筹　左　庆

出版发行　济南出版社
地　　址　山东省济南市二环南路 1 号（250002）
总 编 室　0531-86131715
印　　刷　济南新先锋彩印有限公司
版　　次　2024 年 7 月第 1 版
印　　次　2024 年 7 月第 1 次印刷
开　　本　160mm×230mm　16 开
印　　张　20.75
字　　数　253 千字
书　　号　ISBN 978-7-5488-6606-0
定　　价　68.00 元

如有印装质量问题　请与出版社出版部联系调换
电话：0531-86131736

总 序

　　文化，源自《周易》中所讲的"观乎人文，以化成天下"。自然形态的泉水，在与人文影响相结合后，才诞生了泉水文化。通过考察济南泉水文化的衍生轨迹，可以看到，泉水本体在历史上经历了从专名到组合名、从组合名到组群名这样一个生发过程。

　　"泺之会"和"鞌之战"是春秋时期发生于济南的两件知名度最高的大事（尽管"济南"这一地名当时尚未诞生）。非常巧合的是，与这两件大事相伴的，竟然是两个泉水专名的诞生。《春秋》记载，鲁桓公十八年（前694），鲁桓公和齐襄公在"泺"相会。"泺"，源自泺水。而"泺水"，既是河名，又是趵突泉之初名。北魏郦道元在《水经注》中推测，泺水泉源一带即"公会齐侯于泺"的发生地。"鞌之战"发生于鲁成公二年（前589），《左传》记述此战时，首次记载华不注山下有华泉。

　　东晋十六国时期，第三个泉水专名——"孝水"（后世称"孝感泉"）诞生。南燕地理学家晏谟在《三齐记》中记载："其水平地涌出，为小渠，与四望湖合流入州，历诸廨署，西入泺水。耆老传云，昔有孝子事母，取水远。感此，泉涌出，故名'孝水'。"北魏时期，郦道元在《水经注》中，所记济南泉水专名有6个，分别是泺水、舜井、华泉、西流泉、白野泉和百脉水（百脉泉）。北宋，济南泉水家族扩容，达到30余处。济南文人李格非热爱家乡山水，曾著《历下水记》，将这30余处泉水详加记述，惜未传世。后人仅能从北宋张邦基所著《墨庄漫录》中知其梗概："济南为郡，在历山之阴。水泉清冷，凡三十余所，如舜泉、爆流、金线、真珠、孝感、玉环之类，皆奇。李格非文叔作《历下水记》叙述甚详，文体有法。曾子固诗'爆流'作'趵突'，未知孰是。"

伴随着济南泉水专名的增加，到了金代，济南泉水的组合名终于出场，这就是刻在《名泉碑》上的"七十二泉"。七十二，古为天地阴阳五行之成数，亦用以表示数量众多，如《史记》载"古者封泰山禅梁父者七十二家"、唐诗《梁甫吟》中有"东下齐城七十二"之句。金《名泉碑》未传世至今，所幸元代地理学家于钦在《齐乘》中将泉名全部著录，并加注了泉址，济南七十二泉的第一个版本因此名满天下。金代七十二泉的部分名泉在后世虽有衰败隐没，但"七十二泉"之名不废，至今又产生了三个典型版本，分别是明晏壁《济南七十二泉诗》、清郝植恭《济南七十二泉记》和当代"济南新七十二名泉"。此外，明清时期，还有周绳所录《七十二泉歌》、王钟霖所著《历下七十二泉考》等五个非典型七十二泉版本出现。如果把以上九个版本的"七十二泉"合并同类项，总量有170余泉。从金代至今，只有趵突泉、金线泉等十六泉在各时期都稳居榜单。

俗语云："物以类聚，人以群分。"意为同类的事物经常聚集在一起，志同道合的人往往相聚成群。当济南的泉水达到一定数量时，"泉以群分"的现象就应运而生了。

20世纪40年代末，济南泉水的组群名开始出现。1948年，《地质论评》杂志第13卷刊发国立北洋大学采矿系地质学科学者方鸿慈所著《济南地下水调查及其涌泉机构之判断》一文，首次将济南泉水归纳为四个涌泉群：趵突泉涌泉群（内城外西南角）、黑虎泉涌泉群（内城外东南角）、贤清泉涌泉群（内城外西侧）和北珍珠泉涌泉群（内城大明湖南侧）。

　　1959 年，山东师范学院地理系教师黄春海在《地理学资料》第 4 期发表《济南泉水》一文，将济南市区泉水划分为趵突泉泉群、黑虎泉泉群、珍珠泉泉群、五龙潭泉群和江家池泉群。同年，黄春海的同事徐本坚在《山东师范学院学报》第 4 期发表《泰山地区自然地理》一文，提出济南市区诸泉大体可分为四群：趵突泉泉群、黑虎泉泉群、五龙潭泉群、珍珠泉泉群。此种表述虽然已经与后来通行的表述一致，但当时并未固定下来。1959 年 11 月，山东师范学院地理系编著的《济南地理》（徐本坚是此书的参编者之一）一书中对济南四大泉群又按照方位来命名，分别是：城东南泉群、城中心泉群、城西南泉群、城西缘泉群。

　　通过文献检索可知，济南四大泉群的表述此后还经历了数次变化和反复。譬如，1964 年 4 月，郑亦桥所著《山东名胜古迹·济南》一书中，将济南四大泉群表述为"趵突泉群、黑虎泉群、珍珠泉群和五龙潭泉群"；1965 年 5 月，山东省地质局水文地质观测总站所编《济南泉水》中，将济南四大泉群表述为"趵突泉—白龙湾泉群、黑虎泉泉群、五龙潭—古温泉泉群和王府池泉群"；1966 年，油印本《济南一览》一书中，将济南四大泉群表述为"趵突泉泉群、黑虎泉泉群、五龙潭泉群和珍珠泉泉群"，与 1959 年发表的《泰山地区自然地理》一文所述一致；1986 年，山东省地图出版社编印的《济南泉水》中，将四大泉群复称为"趵突泉群、黑虎泉群、五龙潭泉群和珍珠泉群"；1989 年，济南市人民政府所编《济南历史文化名城保护规划图集》将济南四大泉群复称为"趵突泉泉群、珍珠泉泉群、五龙潭泉群和黑虎泉泉群"。此后，这一表述才算固定下来。

　　2004 年 4 月 2 日，由济南名泉研究会、济南市名泉保护管理办公室组织进行的历时五年的济南新七十二名泉评审结果揭晓，同时还公布了新划出的郊区六大泉群，这样加上市区原有的四大泉群，就有了济南十大泉群的划分，它们是：趵突泉泉群、黑虎泉泉群、珍珠泉泉群、五龙潭泉群、白泉泉群、涌泉泉群、玉河泉泉群、百脉泉泉群、袈裟泉泉群、洪范池泉群。十大泉群的划分，是本着有利于泉水的保护和管理、有利于旅游和开发的原则，依据泉水的地质结构、流域范围，在 20 平方公里范围内有泉水数目 20 处以上，且泉水水势好，正常年份能保持常年喷涌，泉水周围有良好的自然环境和历史文化内涵等标准进行的。

2019 年 1 月，国务院批复同意山东省调整济南市、莱芜市行政区划，撤销莱芜市，将其所辖区域划归济南市管辖。伴随着济莱区划调整，新设立的济南市莱芜区和济南市钢城区境内的泉水，加入济南泉水大家族。2020 年 7 月至 2021 年 7 月，济南市城乡水务局（济南市泉水保护办公室）再次开展全市范围内的新一轮泉水普查工作。在泉水普查的基础上，邀请业内专家对新发现的 500 余处泉水逐一进行评审，新增 305 处泉水为名泉，其中，莱芜区境内有 72 泉，钢城区境内有 30 泉。2023 年，在《济南市名泉保护总体规划（2023—2035 年）》编制过程中，根据泉水出露点分布情况，结合历史人文要素与自然生态条件划定了十二片泉群，即趵突泉泉群、黑虎泉泉群、珍珠泉泉群、五龙潭泉群、白泉泉群、涌泉泉群、百脉泉泉群、玉河泉泉群、袈裟泉泉群、洪范池泉群、吕祖泉泉群及舜泉泉群。其中，吕祖泉泉群（莱芜区境内诸泉）和舜泉泉群（钢城区境内诸泉）为新增。

稍加回望的话，在市区四大泉群之外，济南郊区诸泉群名称的出现，也是有迹可循的。1965 年 7 月，山东省地质局八〇一队李传谟在油印本《鲁中南喀斯特及其水文地质特征的研究》中记载了今章丘区境内的明水镇泉群（包括百脉泉）、绣水村泉群，今长清区境内的长清泉群，今莱芜区境内的郭娘泉群。据 2013 年《济南泉水志》记载，20 世纪 80 年代后，省市有关部门及高校有关科研人员和学者，对济南辖区内的泉群及其泉域划分形成了各种不同的说法，但济南辖区内有三个泉水集中出露区和七个泉群的说法，为大多数人所认同。三个集中出露区即济南市区（包括东郊、西郊）、章丘区明水、平阴县洪范池一带；七个泉群即趵突泉泉群、黑虎泉泉群、五龙潭泉群、珍珠泉泉群、白泉泉群、明水泉群、平阴泉群。

泉群是泉水出露的一种聚集形式。泉群的划分，则是对泉水分布所作的人为圈定，如根据泉水分布的地理区域集中性、泉水的水文地质条件进行的划分，以及从泉水景观的保护、管理和开发等角度进行的划分。因此，具体到每个泉群内所含的泉水和覆盖范围，亦是"时移事异"的。以珍珠泉泉群为例，1948 年，方鸿慈视野中的北珍珠泉涌泉群，仅有"北珍珠泉、太乙泉等 8 处以上泉水"；1966 年油印本《济南一览》中，珍珠泉泉群有珍珠泉等 10 泉；1981 年济南市历下区地名办公室所绘《济南历下区泉水分布图》上，将护城河内老城区中的 34 泉悉数列入珍珠泉泉群；1997 年《济南市志》将珍珠泉泉群区域再度缩小，称"位于旧城中心的曲水亭街、芙蓉街、东更道街、院前街之间"，共有泉池 21 处（含失迷泉池 2 处）；2013 年《济南泉水志》将珍珠泉泉群的范围扩大至老城区中所有的有泉区域，总量也跃升为济南市区四大泉群之首，计有 74 处；2021 年 9 月，伴随着"济南市新增 305 处名泉名录"的公布，护城河以内济南老城区的在册名泉（珍珠泉泉群）达到 107 处。

当代，记述济南泉水风貌、泉水文化的出版物已有多种，可谓琳琅满目，而本丛书以泉群为单位，对济南市诸泉进行风貌考察、文化挖掘、名称考证，便于读者从泉水群落的角度去考察、关注、研究各泉的来龙去脉。十二大泉群之外散布的名泉，皆附于与其邻近的泉群后一一记述，以成其全。如天桥区散布的名泉附于五龙潭泉群之后，近郊龙洞、玉函山等名泉附于玉河泉泉群之后。

值得一提的是，本丛书所关注的济南各泉群诸泉，并不限于当代业已列入济南名泉名录的泉水，还包括各泉群泉域内的三类泉水：一是新恢复的名泉，如珍珠泉泉群中新恢复的明代名泉北芙蓉泉；二是历史上曾经存在、后来湮失的名泉，如趵突泉泉群中的道村泉、通惠泉，白泉泉群中的老母泉、当道泉，吕祖泉泉群中的郭娘泉、星波泉；三是现实存在，但未被列入名泉名录的泉水，这些泉水或偏居一隅，鲜为人知，如玉河泉泉群中的中泉村咋呼泉、鸡跑泉，或季节性出流，难得一见，如袈裟泉泉群中的一口干泉、洪范池泉群中的天半泉。在济南泉水大家族中，它们虽属小众，但往往是体现济南泉水千姿百态的另类注脚。

本丛书在编撰过程中参考了《千泉之城——泉城济南名泉谱》等众多当代济南泉水文化出版物，得到了济南市城乡水务局（济南市泉水保护办公室）、济南市勘察测绘研究院、山东省地矿局八○一水文地质工程地质大队等单位的大力支持，谨此诚致谢忱！

亘古以来，济南的泉脉与文脉交相依存，生生不息。济南文化之积淀、历史之渊源，皆与泉水密切相关。期待这套《泉城文库·泉水文化丛书》开启您对济南的寻根探源之旅！

雍坚

2024 年 6 月 10 日

目录

百脉泉泉群概述

作为一个地理概念，"百脉泉泉群"的生成由来已久。1965年7月，山东省地质局八〇一队李传谟所著《鲁中南喀斯特及其水文地质特征的研究》一书中，记载了今章丘区境内的明水镇泉群（包括百脉泉）和绣水村泉群。1978—1985年，济南行政区划调整，章丘、长清、平阴三县先后划归济南市。20世纪80年代后，省市有关部门及高校有关科研人员和学者，对济南辖区内的泉群及其泉域划分形成了各种不同的看法，但济南辖区内有3个泉水集中出露区和7个泉群的看法，逐渐为大多数人所认同。3个泉水集中出露区，即济南市区（包括东郊、西郊）、章丘市明水、平阴县洪范池一带；7个泉群，即市区四大泉群、白泉泉群、明水泉群、平阴泉群。同期，明水泉群又被称为"百脉泉群"。如1987年山东省城乡建设委员会所编《山东城市与城市建设》一书中记载，济南市规划开辟8个近郊风景区，其中之一便是"明水百脉泉群风景区"。1994年济南市水利志编纂委员会所编《济南市水利志》一书中，将济南境内的泉水区分为城区泉群和三区县泉群，三区县泉群指历城白泉泉群、百脉泉群和洪范池泉群。该书对百脉泉群的记述为："位于章丘县明水镇，由百脉泉、西麻湾、东麻湾诸泉组成。自1954年实测记载，平均日涌量为3.79立方米/秒，最高值达9.88立方米/秒。"

2004年4月，由济南名泉研究会、济南市名泉保护管理办公室组织进行的济南新七十二名泉评审结果揭晓，同时还公布了新划出的百脉泉泉群等郊区六大泉群，这样加上市区原有的四大泉群，就有了"济南十大泉群"的新划分。2013年《济南泉水志》记载，百脉泉泉群位于章丘市（今章丘区）明水街道办事处，是济南地区东部最大的一个泉群，泉群水文地质背景、成因、泉水特征与济南市区的四大泉群相似。泉群由21处名泉和众多无名泉组成，其中，百脉泉、东麻湾、西麻湾、墨泉、梅花泉、净明泉这6处属于新评出的七十二名泉；其他名泉还有漱玉泉、龙湾泉、金镜泉、灵秀泉、荷花泉、眼明泉、大龙眼泉、小龙眼泉、饭汤泉、筛子底泉、鱼乐泉、墨泉（廉坡村）、卸甲池、盘泉、白泉等。2021年出版的《千泉之城·泉城济南名泉谱（章丘卷）》中，将章丘境内诸泉统称为百脉泉泉群。本书所指的"百脉泉泉群"，与此书一致。

章丘区位于济南市东部，东至长白山、东巴漏河上游一线，西至白云湖、城子崖、七星台一线，南至长城岭锦阳关、北门关、九顶山、黄石关、霹雳尖一线，北至黄河。辖区内泉水众多、姿态各异、文化深厚，当代在册名泉总数达183处。

据北魏郦道元《水经注》记载，古时济水流经章丘，主要有两大支流：一是百脉水，又称绣江河；一是杨绪沟水，今称东巴漏河。事实上，百脉水（绣江河）是西巴漏河的一条支流。西巴漏河，古称"瓜漏河"，今称"绣源河"。源出章丘区垛庄镇长城岭山阴，东北流，于南明村折北过埠村、圣井、枣园，在金盘村东纳百脉水后北流，旧称"湄水"，本折东北于湄口入济水，今取直改于白云湖街道辛丰庄入小清河。因此，清代顾祖禹《读史方舆纪要》称："泉（百脉泉）出县（今绣惠街道）南明水镇，经县东关，合于湄河，又分流至济阳城东北入大清河。" 东巴漏河古称"杨绪沟水"，上游称"青杨河"，中下游称"漯河"或"獭河"，发源于淄博市博山区青龙湾村，至石门村南入章丘区境，北流至普集街道刘家河洼折西北，纳长白山阳诸水，至相公庄街道寨子村又北流，注入古济水。今于小下河村改道东流,在长白山阴芽庄一带汇成浒山泺(芽庄湖),出湖口入邹平县境,于孙镇东安村陶唐口入小清河。

章丘南部山区之水以各种姿态出露,这些泉水聚拢在一起,形成了无数的山间川流,自南向东在境内汇成西巴漏河和东巴漏河两条主要河流。可以说,章丘的众多泉水孕育了西巴漏河和东巴漏河,它们是名副其实的泉水之河,留下了厚重的历史文化和人文遗产。散布于东、西巴漏河流域的众多泉水,也是构成百脉泉泉群的主要"成员"。这些千姿百态的泉水中,最著名的就是位于今明水街道的百脉泉,它是章丘诸泉之冠。早在金代,百脉泉已名列《名泉碑》,为济南七十二名泉之一。元代于钦在《齐乘》中称:"盖历下众泉,皆岱阴伏流所发,西则趵突为魁,东则百脉为冠。"

除东、西巴漏河流域诸泉外,百脉泉泉群还包括孝妇河支流范阳河的泉和嬴汶河上游的泉。具体来说,范阳河是孝妇河的一级支流,古称"萌水",西支白泥河发源于章丘区长白山窝陀村一带,出章丘区境,由淄博市注入孝妇河。这一区域的泉水主要包括西山、窝陀、麻秸、瓦屋、孟白、盖州诸村山峪之水。嬴汶河上游在章丘区境内称"王庄河"或"汇河",发源于官庄街道天仓岭西南、九顶山东北的西南峪村,经北王庄南的长城岭黄石关出章丘境,成嬴汶河干流。这一区域主要是山野之泉,姿态各异。

百脉泉

百脉泉位于章丘区百脉泉景区内，与龙泉寺古建筑群交相辉映。百脉泉喷珠吐玉、清泉长流，龙泉寺雕梁画栋、优雅古朴，旧时被列为"章丘八景"之一，号称"百脉寒泉"。

百脉泉泉池为长方形，长26米，宽14.5米，深2米。池岸青石砌垒，池岸和桥上装饰有雕刻石栏，池上东西向架石拱桥。泉池北壁，镶嵌有迟海鸣题写的"百脉泉"石刻。两侧有冯云和题刻的"空明通地脉，活泼见天机"，王绍绂题刻的"一泓清沁尘无染，万颗珠玑影自圆"，王翰题刻的"名泉经年瀿沸，宝刹此日庄严"。昔日，泉边有始建于明景泰元年（1450）的隆泉寺。明嘉靖年间重修后，改名"龙泉寺"，原有明代书法家雪蓑子题写的"龙泉古刹"。寺院规模宏大，殿庑台榭，檐连甍接，非常壮观。龙泉寺泉池北侧现存大殿"梵王宫"，大殿东墙上镶嵌着明代"嘉靖八才子"之一李开先撰写的《游百脉泉》诗一韵五首，其中第一首赞美"百脉寒泉"的风光："水劲无过济，斯泉更著名。不霜清见底，漱石寂无声。颗颗如珠翠，沄沄比镜平。不能容小艇，但可濯长缨。"第二首描写龙泉寺和百脉泉的风光："景物东南胜，泉佳不可名。池清能照影，风急始闻声。绕寺流远细，过桥势与平。卜居无定所，此可解尘缨。"清代，百脉泉是方圆半亩多的方池，四周石砌，竖有雕工精致的石栏，泉周石墙上镌有名人题句。清乾隆年间，章丘知县张万青曾倡修百脉泉，在大池之南修砌东西对称的两个小池，号"张公池"。

百脉泉　黄鹏摄

　　百脉泉属于上升泉，泉池的东南方是一片石灰岩山区，地下溶洞较为发达。泉池北面的地下岩层是砂页岩、石炭—二叠系煤系地层，是不透水的岩层。地下水由南向北，到达百脉泉所在的章丘区明水街道时，受砂页岩阻挡，遂择隙而出，成为百脉泉泉群。按照济南市名泉保护总体规划，百脉泉泉群补给区域称为百脉泉泉域，面积365.2平方公里。百脉泉所在区域，裂隙较多，泉水源出百脉，形成数不清的水泡，缓缓浮上水面，好似珍珠浮动，故又名"珍珠泉"。池水晶明澄澈，水势甚佳。水中锦鱼戏游，生机盎然。池水东流，汇入明水湖后，形成绣江河（百脉水）。

百脉泉俯瞰图　陈明超摄

　　百脉泉是百脉泉泉群的首泉，号称"章丘诸泉之冠"，历史上久负盛名。北魏《水经注·卷八》已有记载："（济水）右纳百脉水，水出土鼓县故城西。水源方百步，百泉俱出，故谓之'百脉水'。其水西北流，径阳丘县故城中。汉孝文帝四年，以封齐悼惠王子刘安为阳丘侯。世谓之章丘城，非也。城南有女郎山，山上有神祠，俗谓之'女郎祠'，左右民祀焉。其水西北出城，北径黄巾固，盖贼所屯，故固得名焉。百脉水又东北流注于济。"

　　其后，唐代《元和郡县图志·卷十》称："百脉水，出县（亭山县）东北平地，水源方百余步，百泉俱出合流，故名之。"金代，百脉泉名列《名泉碑》，后人注称"合趵突、百脉，总七十二"。元代于钦在《齐乘·卷二·水》

中称："盖历下众泉，皆岱阴伏流所发，西则趵突为魁，东则百脉为冠。"

清初顾祖禹《读史方舆纪要》称："泉出县南明水镇，经县东关，合于漯河，又分流至济阳城东北入大清河。"清道光《济南府志》称："百脉泉，在章丘县南三十里明水镇，方圆半亩。其源直上，百脉沸腾，状若连珠，清莹寒冽，即绣江源也。"清诗坛领袖王士禛的《百脉泉》诗则说："山中百脉泉，流为绣江水。素沙映文石，粲若拧蒱齿。"

　　上述文献都明确指出，百脉泉即是《水经注》所说的百脉水（绣江河）源头。也就是说，百脉泉与东麻湾水合流后成绣江河。绣江河北流，分为二支。东支名"大洋沟"，东北流，纳乾河水后称"泥滋沟"，于相公庄街道会东巴漏河（杨绪沟水）。西支为正流，北流至金盘村（沙河口）会西巴漏河。复北流，经绣惠街道回村（阳丘故城）折西北流，于大沟崖又分为二支。西支西北流，入白云湖。北支北流，旧称"漯水"，经水寨镇西城子庄（黄巾固）西，本折东北于漯口入济水（小清河故道），

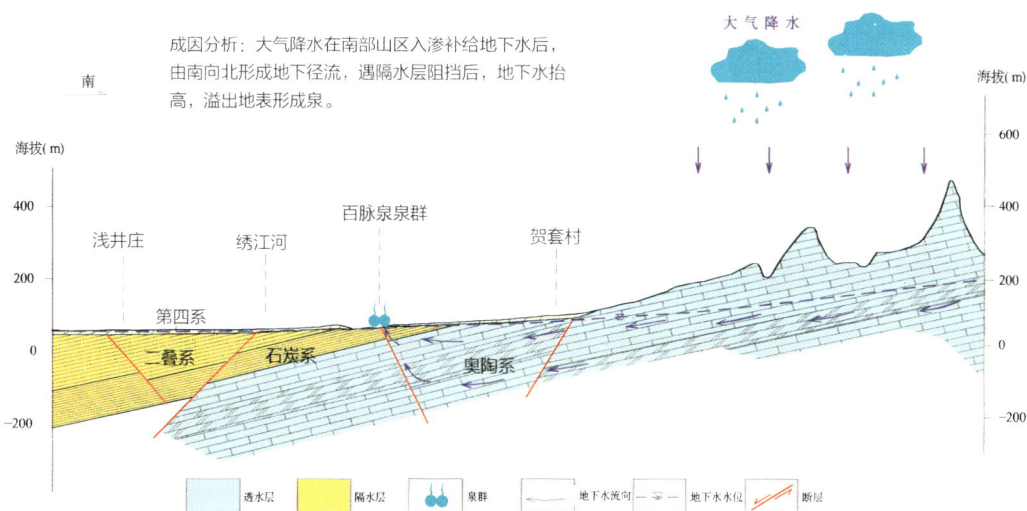

百脉泉泉群成因剖面示意图

今取直改于辛丰庄入小清河。

其中，阳丘县故城在今章丘区绣惠街道回村。城南有女郎山，山南即章丘县故城，在今绣惠街道驻地。今女郎山曾发掘出土战国墓葬。《水经注》中所说的"汉孝文帝四年，以封齐悼惠王子刘安为阳丘侯"，是说汉文帝四年，汉文帝封齐悼惠王刘肥之子刘安为阳丘侯，治所在阳丘城，后改称"阳丘县"。

1958年，整修了百脉泉泉池。1966年，重修了梵王宫。1986年，由著名园林专家孙筱祥主持，以百脉泉为核心，设计修建了百脉泉公园，园名由著名书法大师舒同题写。公园借助山形水势，随高就低，逐层逐次布置景点，将整个园林划分为龙泉寺和清照园等部分。其中，自然风光区包括幽静学习区、密林散步区、花园景树区、名泉水景区等。1996年，再次重修龙泉寺梵王宫。1997年5月，清照园建成开放。2000年6月，园林设计专家周培正主持实施的龙泉寺修复工程完工，修缮了梵王宫大殿，恢复了章丘知县张万青倡修百脉泉时的原"品"字形泉池，整修了池畔的题字，重现了龙泉寺佛教圣地的新景观。

2004年，百脉泉入选"济南新七十二名泉"。2005年，百脉泉公园被联合国授予"全球优秀生态旅游景区"称号，已经发展成为集观光游览、休闲娱乐为一体的生态旅游景区。正如著名文学家蒲松龄在《过明水八首》之五一诗中所说的那样："百脉泉生白山阳，野田早发青莲香。长杨浮动龙蛇影，丛苇横遮雁鹜乡。"

东麻湾

　　东麻湾位于章丘区百脉泉景区百脉泉东侧。东麻湾因位于明水城东，湾内遍布密密麻麻的泉眼而得名，是百脉泉泉群的主泉之一。清道光《济南府志》称："东麻湾在百脉泉左百余步，泉源涌沸上出，西流汇于百脉泉。"清道光《章丘县志》称："东麻湾，在百脉泉东南里许。水西北流，汇百脉泉于锦江桥南。"东麻湾内，底部基岩为破碎断层带，明水城南

东麻湾　陈明超摄

东麻湾万泉湖全景　陈明超摄

　　地下水流经此，沿裂隙上涌出露，故随处成泉。据统计，东麻湾每年涌水量高达 1.5 亿立方米。站在泉边观望，水底无数泉珠泛起，在水面形成簇簇银花，如漱玑泻玉，让人不由得联想到"麻湾"二字。

　　历史上，东麻湾不仅是众泉喷涌之地，也是承纳泉水之地，共有两

条泉河注入。一是桃花山东侧大龙眼泉、小龙眼泉、饭汤泉等所汇泉水，称"绣水沟"。二是桃花山西侧泉水，称"玉带河"。东麻湾纳两河之水，加之地下泉涌，故水面阔大，分东西两湾，称"大、小麻湾"。旧时湾内水清如碧，沿岸芦苇丛生，水鸟翔集，鱼潜泉底。东麻湾水满外流，西与百脉泉连通，共同北流，成为绣江河的源头之一。绣江河蜿蜒 60 余里，两岸稻田万顷，荷塘飘香，出产进贡皇家的明水香稻和清脆可口的明水莲藕，号称"绣江之水清如许，荷花香接稻花香"。除此以外，绣江河沿岸水磨星罗棋布，逐渐形成了一种独特的水磨文化。据史料记载，绣江水磨始创于明正德年间，当时沿河修建水磨 18 盘，造福于百姓。清末，水磨增加到 56 盘，每盘的磨主都有明确记载。伴随水磨，人们建立起香坊、油坊，加工熏香和香油，极大地促进了经济社会的发展。清代章丘文人王漱芳曾作《宋家磨》诗二首，其中一首说："几家楼阁浮云里，门外秋深水始波。杨柳萧萧风瑟瑟，满林黄叶夕阳多。"

1958 年，章丘县党政机关自章丘老城绣惠镇（今绣惠街道）迁至明水镇（今明水街道），驻桃花山及东麻湾附近，遂整治园林，将东麻湾扩挖开凿，增大成湖，面积达到 10 余万平方米，命名为"明水湖"，今改称"万泉湖"。1986 年，新建百脉泉公园，在东麻湾四周砌石岸，净化水面，增设游船，广植花木。湖上新建石桥，取"鲤鱼跳龙门"之意，命名为"龙门桥"。又因桥孔倒映水中，对影成双，形如琵琶，故又名"琵琶桥"。湖中积石成岛，由长堤拱桥贯通湖岸。岛上山石秀出，矗立着核心建筑汇泉阁，成为百脉泉公园独具特色的游览景区。2004 年，东麻湾入选"济南新七十二名泉"。

今百脉泉龙泉寺西墙上，嵌有明代诗人洪汉赞美百脉泉和东麻湾的诗，诗曰："到处名泉看欲尽，孰知此地泄天真。麻湾净泻千寻练，石瓮平喷万串珍。山月冷寒秋共碧，荷风乱飐镜无尘。乾坤一段奇观处，疑是渊源接四滨。"描绘了东麻湾一带秀丽的景色。

墨泉

　　墨泉位于章丘区百脉泉景区西侧，龙泉寺正门外西南角。墨泉是百脉泉公园的标志性泉水之一，泉池为石砌方形，四周有汉白玉护栏，池壁镌舒体字"墨泉"泉名，字体方正浑厚，颇具魏晋飘逸之气。

　　墨泉为百脉泉余脉，泉池底部是深层奥陶纪石灰岩岩溶裂隙。泉池

墨泉　陈明超摄

墨泉长流　陈明超摄

的东南方是一片石灰岩山区，地下溶洞较为发达。泉水自 1966 年钻探的自流钻孔中喷涌而出，孔口直径为 0.4 米。因泉口铸铁管是黑色，水清透明，望去泉水黝深，章丘首任文联主席任方桐遂将之命名为"墨泉"。正常年份，墨泉流量为 0.3 立方米/秒，盛水期涌水量为 1.2 立方米/秒，泉水冬暖夏凉，常年恒温在 16℃—18℃。

　　墨泉出涌，其声闷重，犹若沉雷隆隆。墨泉既出，其状飞腾，宛如一颗硕大若盘的墨珠，离地半尺有余。墨泉水佳，清冽甘美，沏上等绿茶，色如琥珀，香幽袭人，极为爽口。墨泉水出池壁，一泉成河，沿石渠流向北，穿堂过院，先入梅花泉泉池，然后过锦江桥，与百脉泉、东麻湾、梅花泉、漱玉泉等泉水合流，一起汇入绣江河。墨泉周边，古寺庄严，名泉众多，积池成湾，烟波蒸腾。墨泉上下，雾霭弥漫，柳枝青翠，水色天光，俨然一幅绝美的水墨画。

墨泉所在的位置，在 20 世纪 60 至 80 年代曾属章丘县委家属院区域。时任中共山东省委第一书记舒同在章丘期间，就曾在附近居住学习、开会办公。舒同（1905—1988），字文藻，又名宜禄，江西抚州市人。参加红军后，在紧张战事之余，潜心书艺，寄情翰墨，以笔为刀枪，被红军指战员誉为"马背书法家"。舒同书法独具一格，经过长期探索和实践，创立书法流派"舒同体"。1954 年至 1960 年，舒同任中共山东省委第一书记兼济南军区第一政委。1961 年 4 月，舒同来章丘体验生活，每日公务之暇，仍旧挥毫凭帖习字，用周边泉水洗砚涮笔。一年多后，舒同离开济南，任职陕西省，后来出任中国书法家协会第一任主席。1985 年 9 月，舒同回到章丘视察，访问了原来的居住办公地点，应邀题写"百脉泉公园"等多幅匾额。1993 年，时任章丘文联主席的任方桐感念舒同对章丘的关心关怀，作《墨泉》诗云："未出泉口黑如墨，涌入石渠白如冰。名家在此涮砚笔，游人赏泉念舒同。"2004 年，墨泉入选"济南新七十二名泉"。

梅花泉

　　梅花泉位于章丘区百脉泉景区西侧清照园内。梅花泉是百脉泉公园的标志性泉水之一，泉池的东南方是一片石灰岩山区，地下溶洞较为发达。泉池北面的地下岩层是砂页岩、石炭—二叠系煤系地层，是不透水的岩层。地下水由南向北，到达章丘区明水街道百脉泉、梅花泉所在地时，受砂页岩等阻挡，遂择裂隙出露。

梅花泉　陈明超摄

梅花泉俯瞰图　陈明超摄

　　泉水自 1979 年钻探的 5 个自流钻孔中喷涌而出，因五股清流一齐喷涌，宛若一朵盛开的巨大梅花，故名"梅花泉"。梅花泉泉边立侯德昌题"梅花泉"碑，碑阴镌《梅花泉记》。"赏尽天下泉，最奇数梅花"。梅花泉泉池面积约 1800 平方米，正常年份喷流量为 0.5 立方米 / 秒，激浪鼎沸，水汽蒸腾，汇为方塘，连同周围百脉泉、墨泉、金镜泉、漱玉泉诸泉水一起，过北侧锦江桥，汇东麻湾泉水，共同形成绣江河之源。

　　1993 年章丘撤县设市，当时除百脉泉名扬遐迩外，其余诸泉仍无泉名，章丘市委、市政府便把给泉水取名的任务交给了章丘文联。时任章丘文联主席的任方桐和有关同志来此地观泉，大家见园内翠竹摇曳、柳花铺锦，方池中心五泉齐喷，便想："什么花朵是五个瓣？"同行的王绍忠认为，海棠花、梅花都是五个花瓣，但梅花寓意更美好，可以命名为"梅花泉"。任方桐遂赋诗曰："梅花绽开绣江源，一年四时不凋残。天下名泉属趵突，却比梅花少两瓣。"梅花泉因此得名。

1997年，清照园建成开放。梅花泉位居清照园正中，四周环植柳树、竹子，亭台楼阁辉映。泉池南侧水榭上悬挂匾额，上题"天下奇观"。泉池西有易安楼、漱玉堂、海棠轩、文树斋、黄花馆、凝香亭等建筑，构成清照园主体。泉池西北是漱玉泉，正北是锦江桥，东北侧为感月亭。盛水时节，立于感月亭边，观五朵花瓣涌雪浪，便觉泉飘雨丝，飞沫沾衣，泉风绕身，凉意阵阵，美不胜收，正是"塘外垂垂柳拂烟，渔家村里有流泉。明月似欲留人住，故放白莲一朵鲜"。著名文史学者徐北文曾撰写《龙泉赋》，碑刻由朱学达书丹，文中描写了百脉泉、梅花泉和清照园一带风光："天朗气清，携朋访胜。黄花匝地，觅绣江水之渊源；绿树成荫，循清照园之芳径……百脉一泉，泛绣江水，汇小清河，势连大海。千家万户，踞齐城岭，倚龙藏洞，地接泰山。广厦高楼，耸出于桃红柳绿；嘉宾良友，畅游于月下花前。"正所谓"甘泉酿美酒，广交中外朋友；盛世多贤才，共建地上乐园"。2004年，梅花泉入选"济南新七十二名泉"。

漱玉泉

　　漱玉泉位于章丘区百脉泉景区西侧，百脉泉西北 140 米处清照园内。泉池为直径约 4.3 米的圆形浅池，深 0.5 米，形若圆盘。池周围以石栏杆，柳岸翁蔚，花鸟咸集。池底铺鹅卵石，池南立有刘正成所题"漱玉泉"泉碑。泉水为百脉泉余脉，自池中心自流钻井孔中鼎沸而出，喷薄激荡，声若吼雷。泉水漫过池南壁后，泻落入南侧梅花泉泉池中，随绣江河注入今日小清河。

漱玉泉　陈明超摄

漱玉泉泉源　陈明超摄

漱玉泉　黄鹏摄

　　此泉本无名，1966 年出露，因水落池中如碧水洗白玉，纯洁无瑕，故 1993 年初名"白玉泉"，与附近的墨泉并称"一黑一白"。后因在泉边新建百脉泉景区清照园，李清照词集称《漱玉集》，遂改名为"漱玉泉"。漱玉泉西，易安楼琴声阵阵，海棠轩茗香轻飘，黄花馆书画琳琅，金石苑古色古香，泉水与一代词人纪念园融为一体，给清照园增添了耀眼的光彩。

龙湾泉

　　龙湾泉位于章丘区百脉泉景区东侧，东麻湾汇泉阁西北。泉湾呈东西向不规则形，中间略窄，分为一大一小两个石砌水池，湾底铺鹅卵石，泉岸曲折，因泉池似蛟龙卧于泉湾，于 1993 年被命名为"龙湾泉"，泉边立"龙湾泉"石刻。

　　龙湾泉与东麻湾同脉，主泉位于池正中，系 1958 年后绣惠灌区管理

龙湾泉近景　黄鹏摄

龙湾泉全景　陈明超摄

处和各工业企业钻孔所得。泉水涌动形成一圈圈涟漪，好似正在绽放的花朵，流量为 0.11 立方米 / 秒。泉水潺潺出泉池，流经石砌曲径，千回百折，汇入万泉湖。泉旁筑有漪漪亭、濯缨亭，依亭观泉，泉水吐银泛玉、涟漪荡漾的景观尽收眼底，成为百脉泉公园的一大景观。其中，漪漪亭是借用原清水泉边泉亭之名。清水泉原在明水城西，明代文人康迪吉在古河道清水沟附近建康氏西竹园，在清水泉边建漪漪亭。今将亭名移用于龙湾泉边之亭，更添古意。

金镜泉

金镜泉位于章丘区百脉泉景区西侧，百脉泉以西 60 米处百脉泉宾馆内。泉池呈圆形，直径 7 米，深 1.2 米，池周围以石栏杆，池壁镌"金镜泉"泉名。泉水出泉池，分别从东西池壁的明渠、暗沟流出折北，注入绣江河。

泉水为百脉泉余脉，自 1966 年钻探的自流钻孔中喷涌而出，孔径 0.6 米，盛水期流量大于 0.25 立方米 / 秒。泉水自泉口向外翻滚，状如蘑菇，池水清澈，在阳光照耀下，金辉闪烁，如同明镜，故 1993 年借用清道光《济南府志·山水二》所言"金镜泉，在章丘县明水镇东康氏漪清园内"，命其为"金镜泉"。

康氏漪清园，本在古河道长川边。道光《章丘县志》载，"长川源自镇南庙沟泉，夹川竹木千幛"。明代庙沟泉附近园林称"耿家花园"，清代康迪吉之子康大猷买下此园，建康氏东竹园。后世康星涛又在古长川金镜泉边建漪清园，以方位称"康氏南竹园"。今在金镜泉南建成百脉泉广场，广场以百脉泉泉水文化为主题，以篆体"泉"字为基本框架，泉水环绕，成为游人与泉水互动的典范之地。

金镜泉　陈明超摄

龙泉

龙泉位于章丘区百脉泉景区东侧，万泉湖西南隅湖中，有"龙泉"碑立于泉边。1993年初名为"龙眼泉"，后来因为泉眼在万泉湖的上源，紧靠南岸，南岸巨石嶙峋，蜿蜒崎岖，就像一条横卧的长龙，泉水从卧龙巨石下喷出，如巨龙吐水，故改名为"龙泉"。

龙泉泉水与东麻湾同脉，系1958年后绣惠灌区管理处和各工业企业钻孔所得，泉眼直径0.4米，自高出湖面、直径0.5米的自流钻井铸铁管孔中喷涌而出，正常年份流量为0.2立方米/秒，喷高可达2米。

由大龙眼泉、小龙眼泉、饭汤泉、筛子底泉，连同百脉泉公园内的筛子泉汇聚而成的绣水沟，在龙泉附近注入万泉湖。登上取"百泉汇波"之意的汇泉阁，眺望龙泉，烟波荡漾，清澈净明。东麻湾内泉水泛花而上，玉珠串串，碎而复圆。泉边垂柳依依，掇山叠石，峭拔岩峻，玲珑空透，一派湖光水色。冬日，龙泉四周水雾弥漫，更显深远幽美的意境。

龙泉　陈明超摄

筛子泉

筛子泉位于章丘区百脉泉景区南门内，万泉湖西南隅。筛子泉因池底泉眼如筛孔密密麻麻而得名。泉池为圆形，池径 10 米，深 0.5 米，由自然石砌岸，以鹅卵石铺底，泉边有"筛子泉"石刻提示牌。

筛子泉与桃花山诸泉同源，流量为 0.1 立方米 / 秒，泉水汩汩而出，珠涌浮翠，向东北汇入万泉湖。泉池东侧引流出两处小瀑布，给筛子泉增添了几分灵动、活泼和美丽。

筛子泉以及周围区域过去属于绣（秀）水村。绣水村原名"明水寨"，清康熙五十六年（1717）由章丘文人韩尚夏改名为"绣水村"。韩尚夏有诗赞美明水寨百脉泉一带风光，其描述与今日筛子泉的风光相似。诗云："层层烟柳护名泉，绕砌莓苔浸碧天。海底鱼龙通气息，空中云鸟看回旋。一泓清沁尘无染，万颗珠玑影自圆。更喜儿童能戏水，争从渊底摸金钱。"

筛子底泉　陈明超摄

大龙眼泉·小龙眼泉·饭汤泉·筛子底泉

　　大龙眼泉、小龙眼泉、饭汤泉、筛子底泉四泉集中位于章丘区百脉泉景区南桃花山东麓河道内，由南向北依次排列，并连同金龟泉、兔子窝泉、滴水檐泉、甘泉、酒冒泉等泉水汇成绣水沟。

　　大龙眼泉原自壑东悬崖石洞中流出，水声如龙吟，呈水帘状跌下，

筛子底泉　陈明超摄

小龙眼泉旧影　黄鹏摄

在壑底形成一湾水域，如游龙之首。

小龙眼泉原本悬于壑西峭壁，与大龙眼泉遥相呼应，雨季开泉，出水量少于大龙眼泉，故名"小龙眼泉"。

饭汤泉原在大、小龙眼泉之北的沟底，无声无息，静静溢出。由于底部多细沙，泉水涌起时状若米汤，故名。传说，谁家儿童无食欲，取饭汤泉水饮之，即能开胃。

筛子底泉在饭汤泉北，底部多砾石绿藻，泉眼如筛孔，泉涌时细沙腾沸，泉水四溢，空心气泡颗颗上升，酷似珍珠从筛底涌出。2012 年 6 月，桃花山公园改造提升工程实施后，山麓东侧绣水沟已成湖潭，仅留筛子底泉。泉池为石砌圆形，出露于潭湖中，泉边自然石上镌"筛子底泉"泉名及泉记。泉水西北注入万泉湖，最终汇入绣江河。

桃花山，又名"小峨眉山"，俗称"埠顶"，海拔84米。桃花山为明水之屏障，因灵气四溢，故有"峨眉灵壑"之称，被列为"章丘十二景"之一。1969年10月修建的桃花山水渠（提水站），北起山下绣（秀）水村，南至南涧溪村。水渠引桃花山泉水，使周边10余处村落的万亩农田得到了灌溉，有力地支援了农业生产。今桃花山公园制高点保留了"水渠遗址"景点。

玉泉

　　玉泉位于章丘区西北赭山脚下玉泉湖公园内，公园因此泉而得名。玉泉湖公园所在区域，大致在明水街道办事处浅井村搬迁后的旧址范围。玉泉泉池为石头垒砌的不规则圆形，直径约 6 米，泉水清澈见底，池底铺满了大小不一的圆形石头。泉水四季不断，汩汩喷涌不息，在阳光下显得晶莹剔透。远看泉池，就像一个湖心岛，四周都是湖水，有一弯曲石板桥从湖边通往小岛。

玉泉　陈明超摄

玉泉泉源　陈明超摄

　　据章丘文史专家王繁荣介绍，玉泉湖是玉泉泉水和上游诸多泉水汇集后通过玉带河流进湖中形成的，湖水再流入下游的绣江河中。玉带河发源于明水城西的眼明泉，从眼明泉向北，经廉坡村南，过砚池村东，走湛汪村西，到浅井村折西，绕赭山脚下盘旋，原为灌溉之用。建设者在设计玉泉湖景区时，欲打造一处亲水区，遂将浅井村村西一段河道扩展。在扩展过程中，在赭山脚下发现一股清水从地下冒出，喷涌不止。原来这是一处泉水，是当年的明水浅井黏土矿遗留下来的，因临着玉带河，故得名"玉泉"。

　　1964年5月山东冶金地质勘探公司第一勘探队编辑的《山东章丘县明水硬质黏土矿浅井庄矿区详细勘探地质总结报告》记载，企业在赭山建黏土矿时，发现一泉眼，初名"赭山泉"。该泉水量较小，但常年有水。后因用水需要，深挖开源，泉水量大增，形成喷涌之势，现改称"玉泉"。

灵秀泉

　　灵秀泉位于章丘区明水街道章丘第四中学原办公楼东侧，北邻今百脉泉景区荷花公园，今原址新建明水古城景区。泉水自1979年钻探的自流钻孔中喷涌而出，泉眼由三个钻孔组成，呈"品"字形分布。三个泉池均为石砌长方形，其中两个压盖不显，一个长2.4米，宽2米，水质清冽甘醇。

灵秀泉　陈明超摄

灵秀泉一带，旧时为古河道清水沟流经之地，明代文人康迪吉在附近建了康氏西竹园，园内有清水泉，泉边建漪漪亭，有竹万竿，"山、明、水、秀"四奇石并立（今四奇石保存完好，被安置在淄川蒲松龄故居）。康迪吉是明嘉靖二十三年（1544）进士，官至太原知府、保定知府。明清时代，康氏诗文传家，迭举科甲，有"一代一举人三秀才"之说。灵秀泉出露后，因在康氏西竹园旧址，又在章丘四中原址内，故取"山灵水秀，学子辈出"之意，1993年被命名为"灵秀泉"。

西麻湾

　　西麻湾位于章丘区明水城西眼明泉公园内，与百脉泉、东麻湾相距约1.5公里。因位于明水城西，湾内遍布密密麻麻的泉眼而得名"西麻湾"，泉边自然石上镌"西麻湾"泉名。西麻湾北流，过今龙泉路北廉坡村，又北流至湛汪村，向东分出一支注入绣江河。干流又西北流，于赭山北麓注入西巴漏河。西巴漏河又东北流，至金盘村汇入绣江河，下流一部分注入白云湖，一部分注入小清河。

　　西麻湾是百脉泉泉群的主泉之一，西侧的丘陵称"龙盘山"，北面

西麻湾　陈明超摄

西麻湾北流汇入绣江河公园　陈明超摄

坡崖称"塘子崖"，其下为奥陶纪石灰岩断层，北端为砂页岩阻水层，泉水自断裂缝隙中涌出，因此形成无数密密麻麻的泉眼。今西麻湾群泉竞发成河湾，南起眼明泉大桥，北至龙泉路，长约1500米，宽50米至300米不等。

西麻湾历史悠久，是古芹沟的源头之一。北魏郦道元《水经注》称：

　　"济水又东东北，合芹沟水。水出台县故城东南，西北流径台城东。又西北入于济水。"清道光《章丘县志》称："西麻湾，在百脉泉西南二里许，水自西山北麓石窦中出，东北流与百脉诸水汇于沙河口。《郡国志》云：十二芹沟，俗名'麻湾'。即此。"沙河即今砚池村与山阳村之间的东北向河道。事实上，"芹沟水"是章丘危山以北诸水的总称，西麻湾水

西麻湾　李华文摄

只是 12 条芹沟之一。道光《章丘县志》又记载，危山以北诸水皆北流，合西麻湾水，北流入济水。后济水塞，北宋以前渐淤为白云湖，今存湖南沟等多条沟渠，均发源于《水经注》所云之"台县故城东南"。危山以北，古时统名"芹沟"。汉高祖刘邦分封功臣时将从起兵芒砀就追随他的将领戴野封为台侯，其封地称为"台县"。台县故城不能确指，大致在今历城区唐王巨野河以北、章丘白云湖以西。

　　2004 年，依泉辟建眼明泉公园，分为观泉、赏河、休闲三大功能区，眼明泉大桥、塘子古石桥横跨泉湾之上。湾底及岸坡处处泉涌，簇簇水泡缓缓升起如玉花，忽急忽缓，忽聚忽散，在水面炸开，砰然有声。浅湾处芦苇丛生，岸边杨柳依依，一派泉林郊野风光。西麻湾北侧塘子崖，高出湾底 6 米，与南面西山绵延连接。每到夕阳西下，西山和塘子崖倒映在西麻湾上，好似一条长长的游龙，号称"龙影夕照"，成为著名景观。

同年，西麻湾入选"济南新七十二名泉"。

明代著名文人李开先致仕后归居明水，其孙李衡曾写下《同竹潭诸人游明水西泉》一诗，描摹了旧时明水城西西麻湾一带泉水的风光。诗曰："竟日无人迹，怪来情思幽。石排孤岸起，泉灌大河流。云冷全辞夏，蒲荒尚恋秋。沙田拟种竹，结屋住沙头。"

净明泉·老净明泉

　　净明泉位于章丘区明水城西眼明泉公园内，西麻湾北端，塘子桥西侧路北。历史上又称"明净泉""明水泉"，俗称"眼明泉"，是今日百脉泉泉群的主泉之一。据元《齐乘》记载："明水，一名'净明泉'，出百脉西北石桥边。其泉至洁，纤尘不留，土人以洗目退昏翳，与西麻湾水合流三里余，入绣江。"清道光《章丘县志》记载："（净明泉）于百脉泉西二里许，眼明王庙前，东流至西麻湾。"《大清一统志》则云："净明泉，在章丘县（今绣惠街道）南，合东西麻湾，北流为湁河，至城东为绣江，西北至水寨，汇为白云湖。又东北，入小清河，始与泺水汇。

老净明泉边塘子桥　陈明超摄

老净明泉（眼明泉）和眼明王庙　陈明超摄

又东北，入大清河。"即净明泉和西麻湾是绣江河源头之一。

据当地百姓传说，此泉因为泉水清澈，本名"净明泉"。李世民当年东征高句丽，路过临济县（今章丘区）西麻湾附近，因为一路风尘，很多士兵得了眼病。此时，有童男童女出现，带领士兵到净明泉边冲洗，顷刻间病去眼明。士兵兴奋欢呼，童男童女却悠然隐遁。此后，人们为了纪念这件事，便称此泉为"眼明泉"，并在泉边建眼明王庙，内塑童男童女神像。如今眼明王庙整修一新，南边另立一座龙王庙，西侧建有碑廊，留有清嘉庆五年（1800）《修文昌阁记》、道光二十四年（1844）《重修眼明殿记》以及"西泉镇"等碑刻 5 方，记载了泉边建筑和村名的演变。

古净明泉泉源在眼明王庙前，为石砌长方池，泉边新立"眼明泉"碑刻，

净明泉（即原荷花泉）　陈明超摄

即今老净明泉。泉水本伏流，今开明渠，向东自塘子桥北侧注入西麻湾。

因为早年开山取水，水势渐弱。泉西塘子桥，俗称"玎珰桥"，又名"锦龙桥"，为三孔圆拱砌碹石桥，形如马鞍，桥面由青石板块铺就而成，中空上部雕刻镇水兽，始建年代不详，以所在的塘子村而得名。道光《章丘县志》记载为"西泉桥"，称"西泉桥，在县治（今绣惠街道）东南眼明堂东"。塘子村原以眼明泉传说得名"眼明堂村"，后以方位改称"西泉镇"；又因村址在塘子崖上，"堂"逐渐沿革为"塘"，最终演化定名为"塘子村"，今又改称"眼明堂社区"。清代章丘文人焦尔泌曾写《明水》一诗，诗曰："塘外垂垂柳拂烟，渔家村里有流泉。月明似欲留人住，故放白莲一朵鲜。"诗中描述的景象与塘子桥一带风光十分相似。

　　2004年4月，修建眼明泉公园，因塘子桥西侧古净明泉水势不佳，又把塘子桥东侧南边的荷花泉命名为"净明泉",即新净明泉,于自然石上镌"净明泉"三个字。泉池呈椭圆形,由自然石砌岸,池底铺石,四周植柳,清泉一股,如莲绽放,极为旺盛,而后向西注入西麻湾。原荷花泉原址为章丘五金公司,以四周荷塘密布得名"荷花泉"。泉源原为自流钻孔,装有高出地面 0.5 米、直径 0.5 米的铸管。2004 年,新净明泉入选"济南新七十二名泉"。

眼明泉

　　眼明泉位于章丘区明水城西眼明泉公园内，眼明泉大桥北，西麻湾东。2004年4月在西麻湾修建泉水公园时，借用古净明泉别称，将此泉命名为"眼明泉"，公园命名为"眼明泉公园"。泉池巨大，呈八角形，直径8米，四周加装大理石护栏，池底铺鹅卵石，池北壁镌"眼明泉"石刻泉名。泉眼在池正中，泉水自1965年钻探的自流钻孔中喷涌而出，状如蘑菇云，正常年份流量为0.2立方米/秒。护栏北侧留出水口，泉水溢出跌下，形成小型泉水瀑布，轰然作响，而后折西注入西麻湾。

眼明泉　陈明超摄

眼明泉溢流　陈明超摄

　　泉边烟波蒸腾，雾霭弥漫，柳枝青翠，水色天光，游人如织，俨然一幅绝美的水墨画。因泉源旺盛，又离古净明泉较近，当地居民将古净明泉泉名由来的传说移植过来。自此以后，人们常用此泉之水洗眼。

伏鳌泉

　　伏鳌泉位于章丘区明水城西眼明泉公园内，眼明泉大桥北，眼明泉西南。2004 年 4 月修建眼明泉公园时，取唐代怀仁和尚所言"伏鳌者圣，得鳌者贤"之意，命名此泉为"伏鳌泉"。

　　伏鳌泉泉池为六边形，直径 2.58 米，四周有大理石护栏，池底铺鹅卵石，池西壁镌欧阳中石题写的"伏鳌泉"泉名。泉眼在池正中，泉水

伏鳌泉　陈明超摄

自 1965 年钻探的自流钻孔中喷涌而出，然后从护栏西侧的出水口向西注入西麻湾。伏鳌泉曾是明水城区第一眼自来水供水泉源。

泉边芦苇丛生，杨柳依依。春秋时节，或柳絮翻飞，或芦花绽放，一派水乡风光。此景正如清嘉庆诗人马汝舟之妹所作《锦川即目》一诗描绘的那样："锦川带美陂，油壁驻芳时。雨湿村边柳，花明郭外祠。绿烟寒不断，红日上犹迟。风景时时润，前人好句垂。"

瑞蚨泉

　　瑞蚨泉位于章丘区明水城西眼明泉公园内，眼明泉大桥北，眼明泉东南。2004 年 4 月修建眼明泉公园时，借用章丘中华老字号"瑞蚨祥"之名，将之命名为"瑞蚨泉"。

　　瑞蚨泉泉池为长方形，四周加装大理石护栏，池底铺鹅卵石，池西壁镌欧阳中石题写的"瑞蚨泉"，池边自然石上也镌有"瑞蚨泉"泉名。

瑞蚨泉　陈明超摄

瑞蚨泉喷涌　陈明超摄

泉眼在池正中，泉水自1954年钻探的自流钻孔中喷涌而出。护栏西侧留有出水道，泉水沿水道向西注入西麻湾。

　　清同治元年（1862），章丘旧军孟氏家族中的矜恕堂在济南院西大街独资创立瑞蚨祥绸缎店，此为瑞蚨祥创号之始。六年后，年仅十八岁的矜恕堂少东家孟雒川开始执掌瑞蚨祥，将其发展成为中国丝绸第一品牌。"瑞"，是瑞气祥和。"蚨"，即青蚨，原是一种水虫，传说用青蚨血涂钱，可以引钱使归。"瑞蚨"，即和气生财的意思。瑞蚨祥创立后，连锁商号众多，清末已成为中国北方最大的民族企业。老北京城流传多年的歌谣"头顶马聚源，身穿瑞蚨祥，脚踩内联升"，就是瑞蚨祥名满天下的生动写照。

中麓泉

中麓泉位于章丘区明水城西眼明泉公园内，眼明泉大桥南，西麻湾西侧路边。2004年4月修建眼明泉公园时，借章丘文学家李开先的号"中麓子"，命名此泉为"中麓泉"。

中麓泉泉池呈不规则形，有假山石驳岸，池深2米，泉边自然石上镌"中麓泉"泉名。泉眼在池中，泉水自1954年钻探的自流钻孔中喷涌

中麓泉　陈明超摄

中麓泉泉源　黄鹏摄

而出，荡漾一池，向东注入西麻湾。

　　李开先（1502—1568），字伯华，号中麓子、中麓山人、中麓放客。明嘉靖八年（1529）进士，官至太常寺少卿，提督四夷馆。李开先作为有明一代北曲中兴的大家，为"嘉靖八才子"之一。著作有文集《闲居集》、传奇戏曲《宝剑记》、散曲集《中麓小令》等。李开先致仕后在章丘绣江河边与同邑诗人创立富文堂词会，自称"龙泉时自拂，尚有气如虹"，一时名流汇集，留下了许多文坛佳话。

西岭泉

　　西岭泉位于章丘区明水城西眼明泉公园内，眼明泉大桥南侧，龙盘泉北侧，又名"珍珠泉"。西岭泉西侧的丘陵俗称"明水西山"，也称"龙盘山"。2004年4月修建眼明泉公园时，因此泉地处明水西山北麓的山岭下，故命名为"西岭泉"。

西岭泉　陈明超摄

西岭泉珍珠般喷涌　陈明超摄

　　西岭泉泉池为不规则形，假山石驳岸，池径28米。泉水呈珠状自然上涌，丛丛簇簇，水花四溅，向东注入西麻湾。

　　泉池西侧的明水西山与西麻湾北侧的塘子崖绵延连接，向北一直延伸到三里之外。每到日落西斜、夕阳晚照，西山和塘子崖连为一体，在明镜似的湖湾中就会出现一道奇观妙景——一条长长的龙影，龙首为西山，龙背为塘子崖，弯弯曲曲、起起伏伏，随着湖水的流动，在水中如龙游动、活灵活现。由于水雾蒸腾，水中的龙影如梦如幻、妙不可言，故号称"西山龙影"，成为明水著名景观。

龙盘泉

　　龙盘泉位于章丘区明水城西眼明泉公园内，眼明泉大桥南，西岭泉南侧。龙盘泉在西麻湾最南端，是西麻湾的源头之一，泉眼原为杨胡提水站取水处。1993年，因地处西山北麓的龙盘山山岭下，故被命名为"龙盘泉"。

　　龙盘泉泉池长6米，宽2.44米，为假山石驳岸，四周皆天然岩石，池中龙形自然石上镌"龙盘泉"泉名。今池内泉水上涌，清浅漫流，向

龙盘泉泉源　陈明超摄

龙盘泉　黄鹏摄

东注入西麻湾。

　　龙盘泉西北龙盘山眼明堂社区一带出产磨石，称"堂子磨石"。堂子磨石成品有圆、方、条三种，不软不硬，杀钢杀铁，磨得快，效率高，磨过的铁器用起来得心应手，加工的器具也美观耐用。具有300年历史的堂子磨石，曾经畅销全国各地。

虎踞泉

虎踞泉位于章丘区明水城西眼明泉公园内，眼明泉大桥南，西麻湾东侧小西山崖下，与龙盘泉隔西麻湾相对。虎踞泉是西麻湾的源头之一，泉源原为钢铁联合厂生产用水水源。1993 年，因其与龙盘泉相对，故取"虎踞龙盘"之意，命其为"虎踞泉"。

虎踞泉泉池内外两池相套，均为长方形。内池状如荷花绽放。外池

虎踞泉　陈明超摄

长9米，宽5米，深2.4米，东侧留出水口。泉北侧自然石上镌"虎踞泉"泉名。池内簇簇水泡，缓缓上涌，在阳光的映照下如同银珠飘拂、玉花绽放。池满，于出水口形成小型瀑布，如水帘悬挂，訇然作响，向西注入西麻湾。

泉边竹树丛生，色彩淡绿深青，崖壁纵横，颇有云山气象。驻足观赏，会自然而然地感受到"此景只应天上有，人间能得几回见"的奇妙乐趣。

鱼乐泉

　　鱼乐泉位于章丘区明水街道湛汪庄村绣江路东侧。鱼乐泉原为自然泉，无池漫流，后经机械深钻，成为自流钻孔泉。泉池为石砌长方形，长 9 米，宽 3 米。后因在此借泉水兴建养鱼场，养殖虹鳟鱼、罗非鱼等，遂于 1993 年将其命名为"鱼乐泉"。

鱼乐泉　陈明超摄

今泉池池顶半掩，泉水自圆孔腾涌而出，四季不竭，沿暗渠北流，折东注入绣江河。据考证，湛汪庄始建于清乾隆二十年（1755），孟氏自章丘普集孟白庄迁此，逐渐发展成村落。当时村子紧邻绣江河，四周环水，一片湛澈，故得名"湛汪庄"。2016年，在湛汪庄以东实施绣江河生态修复工程，以"再造母亲河"为主题，建设绣江河公园，南与百脉泉景区遥相呼应。

绣江河公园分为母亲广场区、泉脉史脉景观区、人脉文脉景观区、商脉景观区。通过绣江桥、锦江桥、晓月桥等景观桥贯通全园，复原了金代诗人元好问诗中描绘的风景："长白山前绣江水，展放荷花三十里。看山水底山更佳，一堆苍烟收不起。"

墨泉

　　墨泉位于章丘区明水街道廉坡社区中街边。此泉水盛，清冽甘美，历来是村民的饮用水源，俗称"甜水井"，后以水色如墨，得名"墨泉"。泉边立毛泽东主席画像影壁。

　　1992年，居民安装自来水后，泉池被棚盖。今老村拆迁，新建廉坡湿地公园，泉池得以重新修茸，保留影壁，泉口打开，青石砌岸。泉水

墨泉　黄鹏摄

墨泉外流　陈明超摄

涌出后，自西壁外流，南流折东，一泉成河，成为廉坡湿地公园主河道，四周花草扶疏，景色清幽怡人。又东流，汇成湖潭，注入绣江河。

廉坡社区原为廉坡村，宋代以前只有严姓居住。后来，传说济南隐士廉复迁居于此，后人把廉复好友李格非撰写的《廉先生序》刻碑立于绣江河边，元代文学家章丘人刘敏中专门撰写了《廉先生石阴记》。此后，因廉姓居多，遂改名为"廉家坡村"。1969 年，《廉先生序》碑被砸毁，残碑砌于墨泉井台之上。1980 年，济南文物部门经多方查询，最终在廉坡村墨泉井台上找到残碑 6 块，其中 4 块现存于济南市博物馆，2 块存于章丘区博物馆。

盘泉

盘泉位于章丘区明水街道侯家庄村盘泉寺遗址（现为国家农作物品种区域试验站）内。盘泉，又名"南盘泉"。据清道光《章丘县志》记载："盘泉寺，在县治东南孟家庄东。寺旁有方塘半亩，清鉴毛发，盖南盘泉也，因名。又有北盘泉，在周家庄西。"

盘泉　陈明超摄

盘泉在盘泉寺遗址西南角，约 4 米见方，深 11.5 米，有石砌护栏。因底小上大呈盘状，故名"盘泉"。泉水清冽甘甜，四季不涸。今在盘泉上新修盘泉亭，亭旁竹丛中有盘泉寺遗留石碑 3 方。盘泉亭西有一长方形池塘，塘内碧水盈盈，塘边花红柳绿，用以贮存盘泉之水。梆子泉，在盘泉东南路边，泉池为凿石而成，方形，边长 1.5 米，深 12 米，常年不竭，积水成池。

盘泉寺因盘泉得名，坐北朝南，原分东西两院。东院为寺院主体，有天王殿、中殿、梵王宫。西院有君殿、禅房等。盘泉寺兴旺时，善男信女往来不断。每年正月十五前后要唱四五天大戏，观者如云，十分热闹。

盘泉所在的侯家庄历史悠久。明洪武二年（1369），侯姓、程姓从河北枣强迁居此地附近小楼村落户，后迁居于此，村名为"程家牌"。清雍正年间，又改村名为"侯家庄"。村内现有建于 1921 年的程氏宗祠，四合院结构，三间正殿坐北朝南，东西建有厢廊。大门朝南，是一个飞檐青瓦的门楼，浅黄色的条石门楣上有精美的云纹狮子浮雕。正殿前廊的东西两侧，各有一幅精美的青石浮雕。东侧镌"松鹤延年"，寓意族人健康长寿；西侧镌"喜鹊登枝"，寓意家族喜事临门。

卸甲池

卸甲池位于章丘区双山街道鲍庄村南。卸甲池原为圆池，自然漫流。1960年后扩建为水塘，村民多在此提水灌溉庄稼。泉池四周芦苇丛生，垂柳依依。

卸甲池得名与李世民有关。传说李世民东征高句丽至章丘一带，曾驻跸明水城南唐王山，以便节制六军。随行军队分为南、北大营，南大

卸甲池　陈明超摄

营在白泉、旭升一带，北大营在东陵山（今赭山）一带。李世民经过北大营，曾在赭山之南的泉池之畔卸甲休息，此泉便因此得名"卸甲池"。历史上，卸甲池畔曾有古碑，详载其事，惜今已佚。后来大军开拔后，卸甲池边人丁辐辏，逐渐发展成村落。因古时卸甲池中产鱼，居民俗称之为"鲍鱼"，故将村庄命名为"鲍庄"。

赭山历史悠久，据说山南之石皆赤色，即赭色，所以得名。唐杜佑《通典》称："汉阳丘县（今章丘）有东陵山，盗跖死处。"因此又说"赭"与"跖"音似，故沿称为"赭山"。

白泉

　　白泉位于章丘区双山街道白泉村东胡山北麓山峪中石崖下。泉在原麻风村东北峪内，泉东隔岭为朱家峪景区，西南为小胡山，东南为胡山主峰，北为胡山省级森林公园。

　　麻风村因收治麻风病患者而建，后病患渐少，遂自然消失。2003年，在麻风村原址建设马山医院。白泉在马山医院东，属下降泉，汇聚胡山北峪之水，因清澈甘冽、洁白如练得名。1960年后，因开矿，泉源被毁。

白泉泉源　陈明超摄

白泉　雍坚摄

白泉　陈明超摄

2010 年，白泉村委会又重新疏浚，立"白泉"泉碑于泉边柳树下。泉水自崖下岩缝中喷出，注入砖砌小池。池满，向南流入双叠水泥大池后，沿山峪漫流。

白泉村历史悠久，据传村中原有唐代碑刻，镌有李世民谋士徐懋功题写的"百牛饮尽白泉水"。后来此村因居于章丘至莱芜要冲，遂发展成古道上的一个小集镇，称"白泉镇"。今白泉村北首，有一座石阁坐落于大街正中，即古时官道上的官门，也是白泉镇圩子墙的城门。石阁拱门之上南北两侧各有一方石匾，北侧一面刻"白泉镇"，南侧一面刻"北极台"。石阁之上，建有供奉北方之神玄武大帝的真武庙，故此庙所在之高台被称为"北极台"。据现存《重修北极台碑记》记载，此台修建于明正德年间。

四峪口泉·五峪泉·明泉

  四峪口泉、五峪泉和明泉均位于章丘区胡山省级森林公园内的峪谷中。此处山高林密，丰富的植被为水源涵养提供了天然条件。

  四峪口泉位于胡山省级森林公园第四峪峪口东侧山坡下，泉址西侧峪沟中长有一棵粗大的榆树。第四峪大致为南北走向，第五峪大致为东西走向，四峪口泉就位于两峪相交处，因处在第四峪峪口处而得名，此

四峪口泉注入水池　陈明超摄

五峪泉水池　陈明超摄

泉距东北面的五峪泉直线距离不足百米。过去，四峪口泉雨季出水，沿地势流入峪沟中。10 多年前，因下雨导致山坡塌方，四峪口泉泉口被山石和泥土盖住。经现场观察，四峪口泉旧址处所积土石并不算厚重，进行清理后，此泉可重见天日。

　　五峪泉位于胡山省级森林公园第五峪一拦水坝下面的峪沟底部，因地处第五峪而得名，泉水常年不竭。泉口处被水泥预制板棚盖，泉水通过暗管排入旁边的长方形泉池。该泉池长 13 米，宽 11.5 米，深 2 米。泉池上方的拦水坝东侧又积水形成一个千余平方米的塘坝。二者上下呼应，形成胡山省级森林公园内的特色水景。

明泉　陈明超摄

　　明泉位于胡山省级森林公园第三峪峪口处。第三峪大致为西南—东北走向的山峪，峪口东距第四峪不足百米。此处建有胡山山庄，明泉就位于胡山山庄院内一角，外观是一口紧挨着墙体的泉井，井口为方形。泉井上部为砖砌，下部为石砌，深 13.6 米，自井沿到水面为 10.8 米。据了解，这是一口古井，过去是当地人的生活饮用水源，除非遇到雨水特大的年份，井水一般不会出涌。

圣井

　　圣井位于章丘区圣井街道危山风景区危山北坡。相传，隋唐时此地大旱，百姓饮水困难。一天，有一和尚，手执锡杖，自言从天竺国而来，坐于石上，以杖插地，成井一方，泉水随之涌出。百姓遂将此井泉称为"圣井"。此后每遇天旱，百姓都要到圣井祈雨。

　　今井池由青石砌就，井口呈内圆外八角形，直径 0.92 米。泉水清澈甘冽，周围景色秀丽，林木葱郁，古时被称作"危山圣井"，现被列为"章丘八景"之一。池侧新立一石碑，上刻"圣井"泉名和明代文学家李开先的《章丘八景诗》，诗云："高耸危山圣井澄，绣江春涨流水声。百脉寒泉珍珠滚，黉堂夜雪粉妆城。锦川烟雨时时润，龙洞熏风日日清。白云棹罢归来晚，卧看东岭晓月明。"清代文人牛天宿在《圣泉》诗中赞美圣井云："危山九仞矗晴空，一水盈盈石窍中。断壁雨来声淅沥，层岩高过影溟蒙。味甘不羡江心美，源远疑从海底通。到此烹茶消内热，应知两腋自生风。"

　　圣井之上，有玉皇阁、元音寺、元音塔等建筑。玉皇阁为石砖结构建筑，阁前有明弘治二年（1489）《重修危山诸神庙记》、明万历四十八年（1620）《重修危山诸神庙记》、清康熙元年（1662）《创建危山王母宫记》石碑三方，统称"危山三碑"，是章丘第一批县级文物保护单位。危山之上，原有琵琶泉、四贤泉、王母池等泉，近年消失。

　　危山以二十八星宿危星得名，俗称"铁墓顶"，传说为西汉济南王的墓葬。2002年至2003年发掘出的危山汉墓兵马俑陪葬坑，规模仅次于秦始皇兵马俑、咸阳杨家洼兵马俑，入选2003年度"全国十大考古新发现"，2015年被列为山东省第五批省级文物保护单位。

圣井　黄鹏摄

井泉

　　井泉位于章丘区普集街道井泉庄村东。井泉庄东北是长白山，井泉之水即来自长白山山峪，在此伏流而出。井泉原为长方形泉池，旁连石桥。1960年后，井泉被扩建为边长18米左右的石砌水池，泉源湮于池中。村民又按井泉原貌，在水池东北岸砌一泉井。盛水时，池水外溢，沿山峪漫流，最终汇入东巴漏河。

　　井泉庄以井泉得名。明洪武二年（1369），许姓从河北枣强迁来，在河沟中建村，在沟内山窝中发现一泉源，整理成井，作为日常饮用水源，即命名村庄为"井窝头"。新中国成立后，改名为"井泉庄村"。

井泉　黄鹏摄

水泉

水泉位于章丘区普集街道水泉庄村西峪沟内。水泉村在长白山支脉东岭山（茶叶山）南麓山峪间，山峪之水出露成泉。水泉有三池，呈"品"字形分布，均为边长 10 米左右的石砌方池。西为主泉，池形略大。东边二池，南北并列。池水碧透，久旱不涸。

泉水自池周石隙溢出，顺峪沟流下，汇于 300 米外的水泉水库内。又下流，形成水泉峪河水，注入东巴漏河。泉旁山崖亦四处流泉，崖头松柏滴翠。

水泉　陈明超摄

水泉庄，明洪武年间由郑氏建村，因水泉得名"水泉头村"，后沿革为"水泉庄"。水泉庄西还有一眼无名泉，泉池为石砌方形，边长 10 米。泉水常年不竭，积水成池，为农田灌溉水源。在此北望东岭山，巍峨葱郁，气象苍茫。

东岭山，古名"权丫山""嵯岈山"，俗称"茶叶山"。传说这片山曾经盛产茶叶，故名。又说此山古名"权丫山"，因"权丫"与"茶叶"谐音，遂演化为"茶叶山"。东岭山的"东岭晓月"为"章丘八景"之一。清道光《章丘县志》记载："权枒山，在县治东南四十余里，入长白第一峰也。怪石嵚崎万状，雨后瀑布光射数里。北巅有大窟透月，载入八景中。相传此山多仙灵，土人祈祷辄应。明知县刘凤池隶书石刻八十余字在焉。"山上奇石奇洞众多，大夫石、月老石等形态各异。山半的龙藏洞就是蒲松龄《聊斋志异》中名篇《嵯岈山洞》的故事发生地。

杨家河泉

杨家河泉位于章丘区普集街道孟白庄村孟白水库大坝西南角。泉出土石间，无明显泉源。泉水汇成一湾，湾内水草丰茂，四周垂柳依依，映照群山如画，发源于茶叶山北坡的海泉河穿孟白村而过。1952年12月在村西南拦坝建成孟白水库，主坝长103米，面积2.5平方千米。海泉河水出水库下流，与此处泉水合流，俗称"杨家河"，故命名此泉为"杨家河泉"。杨家河泉西南，另有泉水一湾，均是茶叶山西北山水所汇。

孟白庄原名"白家庄"，据说明末孟子五十二世孙自邹平迁来定居，遂改称"孟白庄"。1995年6月，村西南300米杨家河泉附近发现一座战国古墓，西傍东岭山（茶叶山），东临孟白水库，出土陶器16件。

杨家河泉　陈明超摄

古海泉·庙湾泉

　　古海泉位于章丘区普集街道海套园村东民居中。海套园村北是长白山主峰沫湖顶，东临"章丘八景"之一的"东岭晓月"，风景秀丽。传说远古时期的海套园是一座海岛，因此得名"海套园"。因村中泉水是古海之水，故名"古海泉"。此泉日夜喷涌，造成水患，神仙就用一口大铁锅把泉眼盖住，泉水只好沿着锅沿，翻着细沙，潺潺流淌。今古海

古海泉泉池　陈明超摄

古海泉泉源　陈明超摄

　　泉在民宅的墙根内出露后，注入塘坝。塘坝以南修建人工湖，用以贮存泉水，而后连同沟边、沟底散布的许多泉眼汇为小河，注入发源于茶叶山北坡的海泉河，最终汇入东巴漏河（漯河）。清道光《济南府志》称："（海套园）泉源百出，南流入獭河。"古海泉泉水清澈，入口甘甜。用此泉水磨出的豆腐，口感润滑，香甜可口；用此泉水沏的茶，甘冽醇厚，清新爽口，四邻八庄经常有人来打水沏茶。

　　东巴漏河自官庄北来，经普集，至相公庄寨子村西，下游称"漯河"，又称"獭河""杨绪沟水"，经长白山阴浒山泺（芽庄湖）后，称"杏花河"，最后注入小清河。

庙湾泉　陈明超摄

　　庙湾泉在海套园村西，因村中古海庙得名，属季节性泉。泉边垒砌一座大口井塘，丰水年塘满四溢，汇成溪流。当地村民中流传着"建立古海楼，黎庶富安宁"的谚语。据清道光《济南府志》《章丘县志》记载，古海泉畔原有古海庙、镇海楼各一座，另古桥三座，分别叫"连海桥""马鞍桥"和"五路桥"。今仅存古海庙，青砖黛瓦。

砚池泉

　　砚池泉位于章丘区普集街道池子头村中高家祠堂西侧，又名"翰墨池"，俗称"池子崖"。泉池巨大，以石砌岸，长 40 米，宽 20 米，深 3 米。东岸护以石栏。西池壁嵌有清咸丰九年（1859）合庄公立的"翰墨池"石刻，池壁下四周有宽约 0.5 米的石台环绕。泉池东南有石砌台阶，方便居民取水。水满自池北溢出，最终注入东巴漏河。

　　池子头村北还有一眼无名泉，泉池呈圆形，由水泥砌筑，直径 0.5 米。泉水常年不竭，为农田灌溉水源。

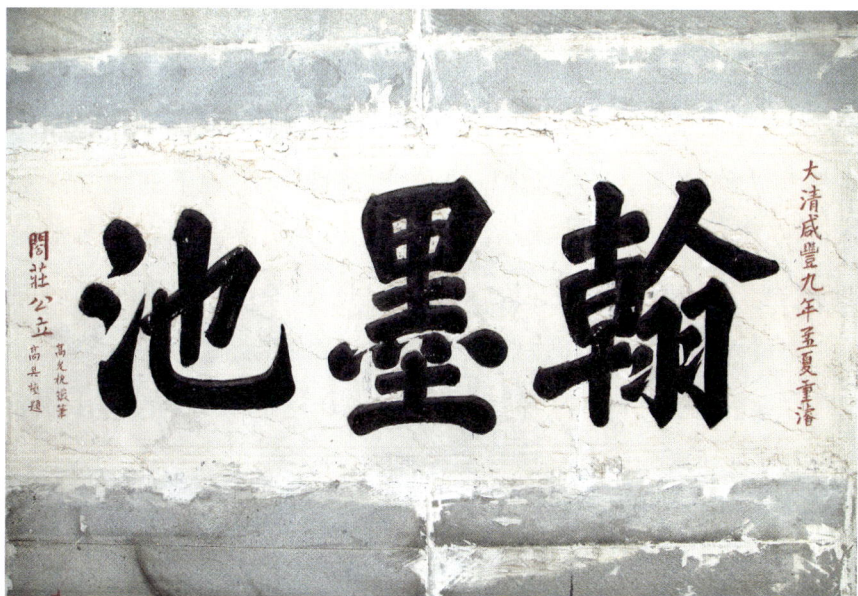

翰墨池石刻 黄鹏摄

砚池泉泉池　黄鹏摄

　　砚池泉和池子头村历史悠久。池子头村始建于明代以前，由安氏、潘氏建村，原名"平柳园"。明代时高姓迁来，香火渐旺，高氏遂成村中大户。高氏族人开采村西西山子沙石，将泉池扩修成石砌水池，遂改村名为"池子头"。因泉池池壁陡直，又称泉池为"池子崖"。清顺治十八年（1661），族人高云考中进士。传说高云曾在泉边洗砚，翰墨飘香，故清道光《济南府志》称此泉为"砚池泉"，道光《章丘县志》则称之为"砚池"。咸丰九年，村民再修泉池，取"翰墨飘香"之意，由族人高其祯题写"翰墨池"三个大字，高允刻石，镶嵌于池西。2011年，村民又重新整修了砚池泉边的高家祠堂，与砚池泉相映生辉。

龙泉·龙王池

　　龙泉位于章丘区普集街道龙王寨村东河谷中。龙泉主泉池呈方井形，边长 0.8 米，水深 3 米。龙泉清澈甘冽，常年不涸。主泉池南 40 米处，东西向列有二池，西池为石砌，东池为自然水塘，均四季泉涌。泉水从池壁溢出，汇为小河，最终注入东巴漏河。河岸杨柳笼荫，古槐苍翠。乡民临河洗浣，水中鹅鸭戏游。

　　龙泉南另有一泉，名"龙王池"，泉池为石砌方形，边长 2.7 米，属于季节性泉。昔日，村内有龙泉、龙王池，且龙王池泉畔建有龙泉寺，

龙泉　陈明超摄

龙王池泉　陈明超摄

故村名为"龙泉庄"。后来人们在龙王池泉边跨沟建桥，连接村子和龙王池，桥北又建龙王庙，形成山寨形制，遂改村名为"龙王寨"。旧时每逢干旱，附近村民多来龙王庙求雨。今龙泉寺、龙王庙已倾圮无存，但龙泉、龙王池依旧长流。

玉泉

　　玉泉位于章丘区普集街道小辛庄村东东岭山下泉子峪内。泉子峪俗称"东大沟"，此泉旧称"育泉"，后谐音称"玉泉"。泉池为一石砌井形泉池和一长方形石砌泉池，长方形泉池长 9 米、宽 5 米，泉水自池壁岩缝分别流入两泉池。水池北连三面陡崖的自然水湾，湾底亦多有水泡上蹿，旧时是村民唯一饮用水源。

玉泉　陈明超摄

　　玉泉历史悠久。早在明洪武年间，柏氏从河北枣强迁居东岭山西麓建村，取名"柏庄"。其后向东发展，又建新村，取名"松柏庄"。到四世时，以大柏庄为中心，向北建立上柏庄。其后，又向南发展建立小柏庄。小柏庄位于东岭山西南角，村民多以上山放牧为生，于是在东岭山下建立牧羊场。因东大沟中有泉，最终依泉建村。村民劈沟崖为斜坡路，砌泉为井，以便饮用；引泉凿池，供洗衣涮物；井池之水溢出成溪，供牛羊牲畜饮用。泉水是养育村人的"生命之源"，为感泉水养育之恩，故为泉取名"育泉"，溪上架桥称"育泉桥"，村以泉得名"育泉村"。清代中叶，村中失火，村子毁于一旦。重建后，以新住户姓氏改名为"小辛庄"。

石峪寺泉

　　石峪寺泉位于章丘区普集街道北三山峪村石峪寺下、峪沟边。北三山峪村背靠海拔826.8米的长白山主峰摩诃顶（沫湖顶），摩诃顶山阳之水自村东山峪下流，在玄武岩裂隙中出露，形成石峪寺泉。泉水自岩石缝隙流出，水质清纯，四季长流。泉池分内外两池，均为半圆形。内池居于外池内一角，直径2米多，主泉眼即位于内池。外池颇大，直径逾10米。石峪寺泉是红石子河西支的源头，拦坝成方塘，一泓清水，经

石峪寺泉　陈明超摄

石峪寺全景　陈明超摄

龙华水库，最终注入东巴漏河（漯河）。

　　北三山峪村三面环山，村中石峪寺原名"石峪庵"，东西两侧原有龙王庙、灵官庙，历史悠久。寺内仍存有清乾隆、道光年间碑刻两方。1937年12月，万山村（三山峪村南邻）人李曼村在寺内创建章丘人民抗日救国会。次年，成立抗日救国军，建立了章丘第一支抗日武装。新中国成立以后，李曼村于1955年被授予少将军衔。2000年，石峪寺被列为章丘第一批县级文物保护单位，重新整修石峪寺山门及正殿，左右建钟鼓楼，东西扩廊房，并在西跨院设立章丘第一支抗日武装纪念馆，石峪寺也因之成为济南市革命传统教育基地。

水坡泉

　　水坡泉位于章丘区普集街道水坡村北峪沟内。水坡村东北为长白山支脉鹤伴山顶峰,山高谷阔,怪石嶙峋。鹤伴山主峰之水下流,至水坡村北辉长岩裂隙出露,形成水坡泉,泉水清澈甘冽,无池漫流。泉水下流,经水坡水库,最终汇入东巴漏河(漯河)。旧时附近村的人都来水坡泉取水喝,认为此泉之水能治病,因此称之为"神泉"。

水坡泉泉源　陈明超摄

水坡泉注入水坡水库　陈明超摄

　　水坡村因村子建在泉水山坡上，故名为"水坡"。鹤伴山是章丘区和邹平市的界山，主峰玉皇顶海拔728.8米。1992年建立的鹤伴山国家级森林公园，森林覆盖率达97%，被誉为"鲁中生态明珠"。

杨官泉

　　杨官泉位于章丘区普集街道杨官庄村龙泉寺遗址中。泉源为石砌方池，泉池长 6.2 米，宽 4.4 米，流入约 60 米见方、深 3 米的大池。池边石砌工整，盛水期碧波荡漾。泉边白杨参天，苗木成畦。泉北即龙泉寺大殿，由砂岩块石修筑，保存完好。据现存清嘉庆二十一年（1816）《重

修龙泉寺记》记载，龙泉寺可追溯至明嘉靖九年（1530），"章邑东锦乡杨郭庄之南，有古寺曰'龙泉'者，寺内关帝、白衣、龙王殿各一"，"寺侧有古潭，泉水涌出，势如趵突，寺名'龙泉'"，可知杨官泉原名为"古潭泉"，杨官庄村原名为"杨郭庄"。清末，杨宝华、杨宝太兄弟先后中武举人，当了武官，遂改村名为"杨官庄"。

杨官庄村背靠东岭山（茶叶山），山环水抱，是鲁中山前平原地区的传统村落。村内有王薄墓、净土寺等古迹，还保存有200余处清代中后期以来的传统合院式建筑——四合院，均为"东南门、西南圈，进入大门就做饭（东屋为伙房）"的格局。其中，龚家大院占地约5亩，包括正房与耳房、东西厢房、倒座，计五进院落。院落沿南北中轴线呈东西对称分布，厅廊相连，各院落厅房坐落于中轴线上，两侧是厢房，是章丘民居的代表性建筑。

上方井·下方井

　　上方井位于章丘区相公庄街道梭庄村东雪山寺遗址寺内大殿前。清道光《济南府志》《章丘县志》均有收录，称"水从石罅流出，冬夏不竭"。泉池为石砌方形，边长 0.5 米。泉水属火山玄武岩裂隙潜水，四季长流，味甘冽，质清纯，含有多种有益微量元素，是原来寺内僧人的饮用水源。

　　据说，雪山寺前身是汉末的黉山书院。盛唐期间佛教兴盛，雪山寺逐渐以佛代儒，又以"章丘八景"之一的"黉堂夜雪"改名为"雪山寺"。明弘治《章丘县志》记载："黉山，在县东二十五里，一名黉堂岭，淄川、邹平二县界。《三齐略》云，郑玄注书于此。上有古井，生草似薤，人谓郑公书带草。山下有堂，范仲淹尝游学于此。"清康熙《章丘县志》记载："黉堂夜雪，范文正公读书处也，山回峰绕，每当夜雪，清致倍常，景以地胜。"寺内现存正殿及西配殿，为砖石结构，正殿北、东、南三侧建筑只残存墙基。另有碑刻多方，明成化十七年（1481）《重修雪山寺记》称："黉堂岭有寺，旧以雪山榜其上，在县治之东二十里。四壁崔嵬，人迹罕至。东接会仙山，临七老峪，面、背则南、北了真，而上、下方井实在其中，诚禅林之佳所，炼五门之圣地。"明嘉靖十一年（1532）《重修雪山寺碑记》称："本邑迤东二十里许，雪山之巅有泉名曰上方井，古有梵院之踪。于天顺年间，有老衲文熏来此，开垦除荆，构篆茸室，新修殿宇廊庑，圣像具备。"据寺内明崇祯三年（1630）《重修三教殿碑记》记载可知，明末，道教信众逐渐主导雪山寺。到了清乾隆、嘉庆年间，雪山寺被改为郎公祠，并建造上方精舍供奉吕祖，逐渐演化为道教宫观，光绪年间则直接称其为"吕祖先师庙"。今寺东遗留乾隆以来的道士墓地，即可见证雪山寺的历史变迁。雪山寺、上方井、下方

雪山寺大殿及上方井　陈明超摄

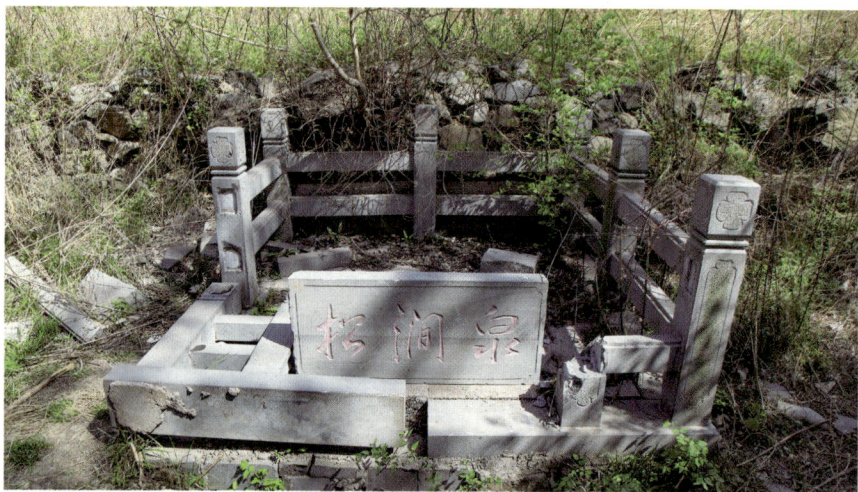

下方井　黄鹏摄

井历史悠久，景色优美，正如寺内所刻明万历二十四年（1596）《题上方井》诗所言："路曲羊肠险，溪流燕尾分。鸟啼云外树，花映寺前屏。"

下方井位于章丘区相公庄街道梭庄村东松间洼峪口、上方井下方500米处。清道光《济南府志》称，在"上方井南一里，其泉盈满不流"。

泉出石崖下土石间，泉池为石砌，原为"品"字形三个方池，相互之间以桥相连。池中冒出的水泡恰似串串珍珠，水草飘动，鱼虾嬉游，景致十分优美。1970年后，将"品"字形泉池扩大成两个长方池，泉口用山石覆盖。后又将泉池整修成长方形，中置条石，呈双井样式。因泉池在松间洼峪口，遂改称"松间泉"，堰上立"松间泉"碑刻。近年又重新整饬泉池，去掉"松间泉"碑刻，在泉源处加装青石栏，石栏上改镌"松涧泉"泉名。下方井合上方井之水，穿过梭庄古村，汇入黉山前一步河，至寨子村汇入东巴漏河（漯河）。

青龙泉

青龙泉位于章丘区相公庄街道梭庄村青龙街中段河道南侧。泉出梯子崖下民居后墙墙根，因在青龙街边得名。青龙泉历史悠久，俗称"泉子"，梭庄村有 4000 人，大半饮用此泉之水。

泉池内部有石砌方池，中置条石，呈双井形。方池上又开套池，承蓄泉水。池上加石砌护栏，立"青龙泉"泉碑，北侧开两出水口，水满注入河道，穿过梭庄古村，汇入簧山前一步河，至寨子村汇入东巴漏河（漯河）。

梭庄村是国家级传统村落，因村北有山，山形如梭，以梭山得名"梭庄"。村内保存有明崇祯年间的李氏宗祠，清康熙、乾隆、嘉庆年间的李氏祖谱碑以及药王殿、元音楼、文昌阁等一批历史遗迹。其中，李氏宗祠是啸园主人李缙明的家祠。据清道光《章丘县志》载："啸园，在梭山之阴，邑人李缙明建。亭台岩壑，有委蛇曲折之致，诸名士歌咏甚富。"李缙明在《啸园自记》中称，"尔岁庚辰，于故圃侧，购得荒址数区"，可知啸园始建于崇祯十三年（1640）。

青龙泉泉池内部　雍坚摄

水深危险
请勿靠近

青龙泉　黄鹏摄

蛤蟆泉·大泉

蛤蟆泉位于章丘区相公庄街道丁家村北长白山支脉，大顶子山东侧千秋峪狮子崖下。丁家村长白山支脉山峰无正式名称，据居民李同林介绍，自西向东依次俗称"风门岭""老鸹尖""大顶子""大寨""狮子崖"，其中老鸹尖最高。

狮子崖三峰耸立，形似狮子，崖下山峪间有一块蛤蟆形巨石横亘，俗称"蛤蟆石"。蛤蟆石西首为"蛤蟆嘴"，可容数人，东首与山崖相接，

蛤蟆泉　黄鹏摄

蛤蟆泉上的蛤蟆石　黄鹏摄

留下一条三角形石缝，泉水在石缝中渗流，汇成小溪，潺潺向西南流。泉边怪石磊磊，杂木丛生，人迹罕至。与"蛤蟆嘴"相对，有一块形似猿猴的巨石，守望着千秋峪。蛤蟆石下，一座小山峰独立山峪中，崖上有天然形成的形似"凤止月宜"字样的痕迹，传说是雪蓑子的神来之笔。

　　大泉位于老鸹尖、凤门岭之间山峪的中部，泉池原为边长0.8米的石砌等边三角形。近年泉源处虽被乱石淤塞，但泉水常年不竭，南流后在山峪间汇成一湾。

龙湾头

 龙湾头位于章丘区相公庄街道寨子村南河道中。清道光《济南府志》《章丘县志》均有收录，称其为"龙湾"，"遇旱不竭，流入獭河"。龙湾头无明显泉源，泉出土石间，汇为池塘，自然土石岸。池水四季不涸，荇草丰茂，注入村西东巴漏河。

 寨子村后街有张肇铨故居，它是一座具有地方特色的清代官式建

龙湾头泉　陈明超摄

筑。张肇铨（1875—1928），字子衡，清光绪三十年（1904）进士，曾任遵义府知府。弃官后，在章丘创办金丰当铺、鸿祥杂货铺。1912年创办济南第一家民营商业银行——山东商业银行，1915年创办济南丰年面粉厂，1920年出任山东省财政厅厅长。

圣泉

圣泉位于章丘区相公庄街道姜家套村西北圣泉寺山门内。圣泉，又名"圣井"。清道光《章丘县志》记载："圣井，在县东十里圣泉寺，味甘冽，西流入獭。"泉池为石砌井形，直径0.6米，井壁镌"圣泉"泉名。泉水水质清澈，终年不涸，旧时是圣泉寺饮用水源。

圣泉寺，又称"圣水寺"，在圣仙峪（又称"圣水峪"）内，坐北朝南，寺前东西各有低丘一座，犹如门前旗杆坐墩。此地位于长白山山脉西北，

圣泉旧貌　黄鹏摄

圣泉 陈明超摄

四周青山环抱，草木葳蕤，泉水涌流，鸟鸣山幽。清代诗人靳希孟赋《重游圣泉寺》诗赞曰："一峰侧处一峰横，林木苍苍梵宇清。涧石多年丛细草，山僧少小不知名。经声磬韵空尘世，叠嶂流泉列画屏。……"清代诗人韩与禄《游圣泉寺》一诗则称："危峰四壁立，古径一泉开。"

今圣泉寺已重新整修，据寺内元至正元年（1341）《重修圣仙峪圣泉寺碑记》记载："阳丘之东十里许圣仙峪圣泉寺，幽静之所……北靠峻岭，南向临泉。"可知在圣泉寺创立之前，圣泉即已存在。寺内的清康熙二十六年（1687）《重修圣泉寺碑记》也记录了圣泉，称"绵亘于章邹之间者，长白称最焉，醴泉著矣。蜿蜒而西十里许有寺有泉，泉水由峪中仰出，刻露清秀，潺然有声。爰叠石而甃之为井，盖以护泉，虑

105

为游人牧启所浊醒也"。可知圣泉原本漫流，大约在此之前即砌为井形。圣泉寺绵延整修不断，明万历八年（1580）曾双钩镌刻"圣泉寺山门"石匾一方。1919年重修时，又在万历石匾上新镌"圣泉寺"三个大字，是为一匾二刻。

上水峪泉

上水峪泉位于章丘区文祖街道郭家庄东南上水峪，是峪中多处泉点的统称。上水峪内植被繁茂，沟壑纵横，沟底分布着含水丰富的泥页岩。在苇子沟、南沟、大西沟内的众多山泉最终汇聚到呈梯形分布的三个塘坝里，雨季水泻，形成瀑布景观。其中主泉在峪内崖壁下，泉出石隙，汇入石砌方池，水满自出水口漫流，今没入塘坝。向北注入大寨河后，在青野折北，由月宫村汇入西巴漏河。

上水峪泉主泉　黄鹏摄

上水峪泉塘坝,盛水时泉池没入其中　陈明超摄

　　上水峪北面的和尚沟山梁上有"高岗""朝阳""问童子处""诸山来朝"等摩崖石刻,附近原有郭氏家祠。郭家庄建于清顺治年间。清道光年间,得到皇帝嘉奖的郭氏后人翰林院待诏郭存龙,于道光十二年(1832)修建了纪念母亲张氏的牌坊,今称"张氏牌坊"。张氏牌坊坐北朝南,用84块花岗石建成,高8米,宽3.5米,正题"名标天府"四字,下刻"敕赠登仕佐郎翰林院待诏郭云修孺人张氏坊,皇清道光岁在壬辰",两边刻有楹联"宠锡孝思黄麻诏,恩荣家庆紫泥封",牌坊背面题"道光岁在壬辰梅月恩授荣光从九品郭存龙立"。整个牌坊雕刻精美,令人赞叹。

泪轮泉·仰泉·康宝泉·马蹄泉

泪轮泉、仰泉、康宝泉和马蹄泉均位于章丘区文祖街道三槐树村。

泪轮泉位于三槐树村村西 S234 省道西侧石堰下，齐长城北侧百米处。此泉出水时间长则七八个月，短则两三个月，因为在村内各泉中开泉较晚，人们觉得它比较懒，都称之为"懒水泉"。泪轮泉属季节性泉，雨季喷涌，沿石渠东流，汇入三槐树村村东大寨河支流，由月宫村汇入西巴漏河。

泪轮泉　陈明超摄

仰泉　陈明超摄

　　仰泉俗称"阳沟泉"，位于三槐树村村西河道中，泉水自河边石堰缝隙流出，汇入长方形泉池。此泉属季节性泉，一般年份夏秋季节出水量较大。

　　清道光《章丘县志》称："汩轮泉、仰泉，在章丘县南九十余里三槐树西，此处土厚，艰于得水，二泉甘美，附近居民多汲饮之。"

　　康宝泉位于三槐树村西南S234省道石坝下，泉水自河崖石穴中涌出，积于长方形泉池中。旧时为村民饮用水源，属季节性泉，一般年份夏秋季节出水量较大。

　　马蹄泉位于三槐树村村北S234省道西侧峪坡中的鹁鸽崖下，属季节性泉，水从峪坡下石隙流出。因泉口处状如马蹄，故名"马蹄泉"。

　　汩轮泉、仰泉、康宝泉、马蹄泉汇流成河，向北在青野村会大寨山水，

康宝泉泉源　陈明超摄

康宝泉　陈明超摄

马蹄泉　陈明超摄

一同注入西巴漏河。三槐树村原名"太平官庄"，村内原有三棵大槐树。因村子正处于章丘通往莱芜的要道，来往行人多在树下乘凉休息，遂改名为"三槐树村"。三槐树村南逶迤绵亘着长城岭，岭口有齐鲁边界齐长城的锦阳关，是齐长城上三大重要关隘之一，现存 0.6 公里较为完整的石砌墙体。2001 年，齐长城被列为全国重点文物保护单位。

井泉

井泉位于章丘区文祖街道三德范村北东道街。泉池呈井形，泉口已被压盖遮掩，墙上嵌有清道光二十九年（1849）"重修泰山行宫暨山门碑"碑刻。泉旁有玄帝阁，泉南有禹王庙。玄帝阁坐北朝南，呈平面矩形，城台为毛石砌筑，城楼为砖木结构，已知最早为清雍正七年（1729）重修。禹王庙面阔三间，同为砖木结构，楹柱出厦，龙脊翘檐，殿内后墙绘有精美壁画，惟妙惟肖。2015 年，三德范村的玄帝阁、禹王庙被列为山东省第五批省级文物保护单位。

三德范村原名"三对坂"，因村西南锦屏山三坡如一字排开，呼应成趣，故名，后讹为"三队反"。清代晚期，人们上报该庄灾情时，济南知府觉得"三队反"之名不雅，便改为"三德范"。当地名士张鉴解释说："三光者日月星，三才者天地人，德者立人之本，范则楷模也。"

井泉　黄鹏摄

113

龙女泉

　　龙女泉位于章丘区文祖街道三德范村西南、锦屏山文昌阁南小龙沟内。泉池为石砌圆井形，口径0.4米，深4米，终年不涸。泉北有清光绪十二年（1886）石龛，上刻"井泉龙王"四字，周围有50多株千年古柏和银杏树。传说锦屏山上曾有一条巨蜥欲行恶事，龙女便化作神龙擒获了巨蜥，并在山间抓出了一眼清泉。后人为感激龙女，遂将此泉称为"龙

龙女泉　黄鹏摄

女泉"。

锦屏山原名"平顶山"。清雍正十三年（1735），济南府章丘县人韩阳成开辟山场，根据章丘举人郭汝杞"锦屏开妙画"的赞语，将其改称为"锦屏山"。韩阳成联合周围27个村庄的乡众，在陈新邦、靳纯煆等人的支持下，于清乾隆二年（1737）对山上的朝阳洞和老君堂进行了大规模的重修，又在主峰之阳开辟了泰山行宫。历时24年，把"昔为荒烟蔓草之区"的锦屏山，改造成了"辉煌熠熠巍灵之场"。其后，他的弟子刘广来、王复昌、杨至绪等人继承了他的遗志，与四方信众一起持续不断地维护着锦屏山的建筑，并于清同治九年（1870）根据堪舆家"锦屏山为'一字文星案'"的说法，在龙女泉北的关隘中修建了一座文昌阁，祈求学子们金榜题名。

朝阳洞泉

朝阳洞泉位于章丘区文祖街道三德范村西南、锦屏山象鼻峰东侧朝阳洞内。朝阳洞为天然溶洞，洞上岩缝通透可见天空。泉池在朝阳洞深处，为半石砌长方形，长1.4米，宽1.3米，设有护池栏杆，其形望之似一条腾飞的白龙，故又名"白龙池"。清代章丘县令黄钟称赞说，朝阳洞"云壑泻清泉，冬暖夏凉，洞中别有天地"。所谓"云壑泻清泉"，就是指"朝阳洞泉"。传说泉源上通泰山王母池，下接章丘百脉泉，十分神奇，且太上老君就是喝了此泉之水才得道成仙的，故有"喝了此泉水，不修自成仙"的说法。有趣的是，在洞口顶部的石壁间，四季流水潺潺，人们便在崖壁上凿一悬池，引清流注入，将其称作"圣水泉"。游人和修行者均虔诚地在此洗手，借以荡涤尘埃。

清雍正十三年（1735），济南府章丘县人韩阳成在朝阳洞修行，重修洞前老君堂。老君堂不知创修于何时，堂前一株古银杏树冠似华盖，树龄不少于500年。堂后洞前，有一株侧柏高耸入云，大有与山崖争雄之势，十分雄美。传说这两棵树原本是玉皇大帝跟前的金童玉女，被派往锦屏山老君洞侍奉太上老君。他们伫立千年以后，金童化为万丈柏，玉女化为银杏树，两人虽然有意，却不能亲近，所以只能互相暗送秋波，故曰"古柏银杏秋波情"。

朝阳洞泉全景　陈明超摄

朝阳洞圣水泉　陈明超摄

西沟泉

西沟泉位于章丘区文祖街道石子口村村西。泉汇石子口村村西山峪之水，自土石间出露，本漫流，今砌筑水泥大池，汇为一湾，而后汇入峪水，向东经三槐树村注入大寨河支流后，由月宫村汇入西巴漏河。石子口村东北为保安山，西北为大寨山、北大顶山，西为西岭，南为长城岭，三面环山，形成山峪，仅东面与三槐树村相通。

西沟泉下泻后形成的泉池　黄鹏摄

　　石子口村原名"石子镇"，分上庄和下庄。清咸丰年间，因石子口村所在山峪是由九条山泉沟和十架山梁组成，九条山泉沟的水汇聚于流往三槐树村方向的"康宝泉"。为了聚宝，遂将村更名为"石子口"。除村南长城岭齐长城遗迹外，还有光石崖、鸳鸯柏、仙人洞、老虎洞等景观。西北的北大顶山主峰上有石子口古山寨，山顶上筑有圩子墙，规模宏大。在莱芜战役期间，古山寨是中国人民解放军华野十纵某部指挥所。

老泉·老子泉

老泉位于章丘区文祖街道石子口村村内，外观是一口古井，由青石圆形井口下望，只见里面是由砖石砌筑的方形井壁，深不见底。

此泉外侧紧挨着泄洪沟，井壁上开有出水口。村民管这口井叫"老泉"，称其是建村时就有的一口古井，已经有数百年的历史，过去是全村人的饮用水源。井口所在的位置原来应该是个天然泉，出于储水的需要，这

老泉　陈明超摄

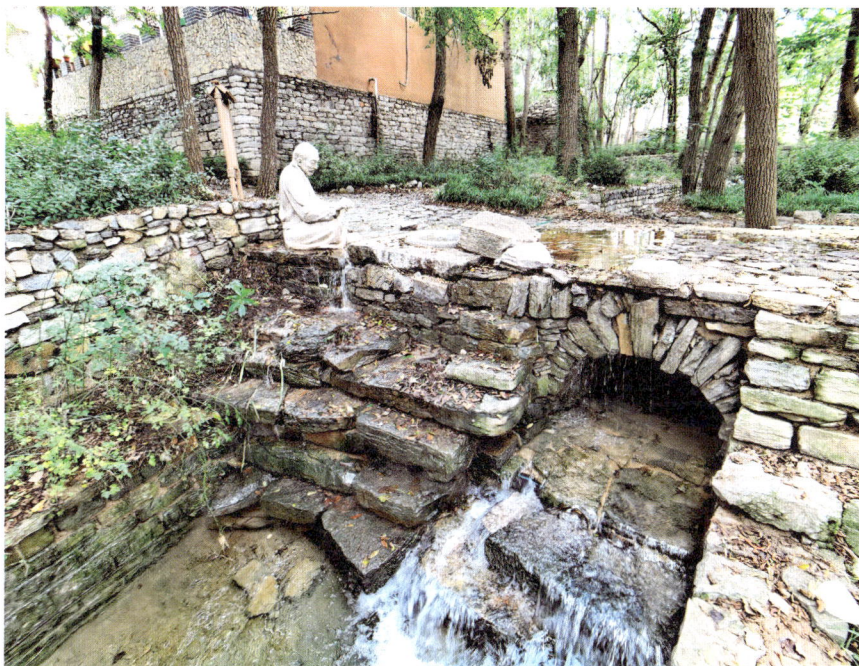

老子泉　陈明超摄

口井在旱季被多次向下掏挖，于是就有了现在的罕见深度。井下空间很大，起到了蓄水池的作用。不过，老泉里的泉水在夏天上涨很快，还能溢流而出，通过井壁的排水口流入旁边的河道。

　　老泉下游还有一眼老子泉，直接注入河道中。

东张泉·八仙泉

　　东张泉位于章丘区文祖街道东张村村东小广场西北角，为东张村建村之初就有的泉井。泉水常年不竭，旧时为东张村村民的主要饮用水源，故名"东张泉"。2005 年，当地村民扩建住宅时，将东张泉圈入院中，并在泉旁建停车场。2010 年，村貌整改时，停车场被拆除，东张泉于村民院墙外露出一半泉池。经村民指认，该户村民大门外的院墙边盖有青石板，东张泉泉池即在青石板之下。

　　八仙泉在观音庙东居民墙下，为石砌方井形，泉水自然涌出，四季长流，由暗道注入村中河道，再汇入大寨河，于青野折北，由月宫村汇

东张泉泉源压在石板下　陈明超摄

八仙泉　陈明超摄

入西巴漏河。2011 年，由村民赵永峰捐建，将八仙泉流入河道的排水口重新加以修茸，排水口上题刻"永清泉"泉名。据当地传说，此泉为八仙开凿（一说附近有 8 处天然出流泉点），故旧称"八仙泉"。

八仙泉西侧的观音庙历史悠久，庙前有两株高大粗壮的千年古柏——鸳鸯柏，两树形态各异，树围均在 1.5 米以上。传说王母娘娘膝下的金童玉女长大成人后，互生爱慕之心，偷偷携手私奔到人间。王母知道后大怒，派观音前去寻找。两人自知难逃一劫，就相拥跳入村头水湾中自尽了。观音感慨不已，就点化他俩化身柏树长留人间。

象鼻泉·泉子峪泉

　　象鼻泉和泉子峪泉位于章丘区文祖街道东张村村南王洞峪的支峪泉子峪内，两泉并列，一东一西，均出自山崖的页岩缝隙中。

　　象鼻泉居东，泉汇为一池，而后沿山峪漫流，因在象鼻峰下，故名。泉子峪泉居西，也注入相似的泉池，池满沿山峪漫流，因在泉子峪内，故名。

象鼻泉　陈明超摄

泉子峪泉　陈明超摄

　　象鼻泉和泉子峪泉所在的大山峪名王洞峪。王洞峪最南端，长城岭伸出一个短短的山梁，形成奇观——象鼻山，俗称"茶壶嘴子山"。象鼻山的主峰象鼻峰海拔588米，形似大象鼻子，十分逼真。

黄露泉·老泉·龙泉

　　黄露泉位于章丘区文祖街道黄露泉村中。泉出石隙，常年不涸，汇入石砌长方形泉池，供村民饮用。泉池近年整修，题刻"黄露泉"泉名。黄露泉村，因多黄栌和泉水，原名"黄栌泉村"。据省级非物质文化遗产章丘梆子老梆腔传统曲目《朱元璋寻根黄露泉》唱词，传说明朝开国皇帝朱元璋东征西战，兵败受伤后曾逃亡到黄栌泉村。在疗伤期间，他依靠该村李老汉的小米粥生存下来，逐渐康复。多年后，朱元璋登基称帝，

黄露泉　陈明超摄

老泉 陈明超摄

龙泉泉源 陈明超摄

龙泉 陈明超摄

来报黄栌泉村李老汉当年的救命之恩。得知恩人李老汉已经去世，他伤心不已，遂亲笔御书将黄栌泉赐名为"皇禄泉"，后沿革为"黄露泉"。

黄露泉村西南还有一眼老泉，泉池为井形，垒入石堰，开券形门洞，泉水常年渗流，旧时为村民饮用水源。

村南山坳深处名"桑黄"（乃"沧浪"谐音），有古龙泉庵。龙泉庵今存一座三间大殿和东配殿，主殿供奉观世音菩萨，东西配殿中分别供奉碧霞元君和瑶池王母。大殿两根柱子上刻20字楹联，号称"天书"，难以识读。据庵内明嘉靖年间《重修龙泉庵碑记》记载，"黄鹿泉沧浪东有古井以解樵人之渴"，可知黄露泉村曾名"黄鹿泉"。东侧不远处有一眼泉井，即《重修龙泉庵碑记》中所说的"古井"，又名"龙泉"。

甘泉

甘泉位于章丘区文祖街道甘泉村西北山坡堰根下。泉出石隙,涓涓渗流,汇入直径2.4米的石砌圆井,井口由四块条石砌成方形,四季不涸。甘泉村因无水源,原名"干泉",后挖出泉水,又改称"甘泉"。村庄四面环山,胡山、凤凰山、崂山头、九龙山环峙,地形如聚宝盆,幽静秀丽。村南崂山头广峪沟内,坚硬的岩石上开凿有两眼老井,俗称"大井"和"小井"。无论夏季雨水如何丰沛,井内都没有水,一到立秋,井内随即水满,

甘泉旧貌 黄鹏摄

甘泉泉源　陈明超摄

十分神奇，故又称"广峪迷井"。

　　甘泉村内东西向老街水湾南矗立着一株有 600 年树龄的流苏树，花开连年，十分壮观。村东南凤凰山山腰有天然岩洞，传说经常有白云飘出，故名"白云洞"。据东侧洞前的 1941 年《重修白云洞碑记》记载，洞中有井，洞顶有悬垂的钟乳石，"上垂石作钟乳形，每水滴声琅，状若击玉"。人们依据洞形，整修白云洞，建立北殿、东殿。北殿五开间，正为玉皇殿，供奉玉皇大帝和金童玉女。西为三皇庙，东为三教堂。东殿分正殿、后殿和南、北两个侧廊。正殿祀碧霞元君，后殿祀白云奶奶，北廊祀眼光奶奶，南廊祀水母娘娘。信众到此，可以各依所需，祈求安康幸福。

朱公泉

朱公泉位于章丘区文祖街道朱公泉村村南山峪间。朱公泉,古称"猪拱泉"。传说古时吃水困难,一小猪因口渴,在山脚下的岩石板上到处乱拱,突然从石板下冒出水来,形成泉眼,此泉遂得名"猪拱泉"。泉在村南一处石崖下,泉水自岩石缝隙流出,分为两股,注入泉下池塘,四季长流,注入大寨河后,在青野折北,由月宫村汇入西巴漏河。

今在泉源处建立泉亭,泉池边自然石上镌"朱公泉"泉名。泉西有"问童子处"石刻,传说孔子周游列国时,曾在此向一孩童问路。据泉

朱公泉泉池　陈明超摄

朱公泉　陈明超摄

朱公泉泉源　陈明超摄

北九圣堂遗址现存施树碑（年代不详）记载，"夫朱公泉者，必朱公所制之泉也。其人弗改，因以名乡。名乡者何？山下出泉而朱公制之，故名。朔乡之南岳，实泉之所出也"。可知朱公泉乃朱氏发现整饬的，村以泉名，由来已久。九圣堂创建年代不详，村中现存最早有明确纪年的是清乾隆十五年（1750）《重修庙宇碑记》。另有清嘉庆十八年（1813）《重修九圣庙碑记》，由著名文人、肥城县教谕康腾蛟撰额。村中多明清时期的民居，由青石垒砌，古意盎然。

马家泉

　　马家泉位于章丘区文祖街道东田广村东南马家洞中。马家峪山峪口白杨丛生，东西双岭如门扇开合。马家泉在峪内中间山岭绝壁上的马家洞中，洞口约5米宽，林荫遮蔽，若隐若现。泉水自洞中岩壁上滴落，汇为清浅一湾，常年不涸。盛水季节，时有泉水涌出，别有一番情趣。

　　马家峪外是东西向大山峪，北为毛寨山，南为磨池岭。两山之间，东北有南北向井峪，内有井峪泉，隔北岭是虎峪、豹峪。井峪以东山峪尽头崖壁下，有一柴洞。洞分南北，北洞形似眉毛，较为窄浅；南洞形似眼睛，洞厅阔大。南北两洞内滴水潺潺，四季不竭。

马家泉洞口　陈明超摄

133

东田广村是山东第三批省级传统村落之一，始建于明天顺元年（1457），李姓三户分居沟东、中、西，取名"李三家峪"。传说因为缺水，一个叫田广的人主动找水源打井，井打成后，遂改村名为"东、中、西田广村"。村中现存玉皇行宫、东风桥等古建筑。据现存碑刻记载，玉皇行宫建于明万历三十六年（1608）以前。

井峪泉

　　井峪泉位于章丘区文祖街道东田广村东北井峪内。泉在峪底深处，为青石与砂石岩层断层处渗出的水流汇聚而成，水质甘甜，四季长流，注入一座不规则方形池塘，泉池最长处有 3 米，最宽处有 2 米。泉水向西注入大寨河支流，由月宫村汇入西巴漏河。

　　自田广村建村以来，此泉就是人畜用水之源。为保护泉水洁净，泉池上方建有石砌的拱形护顶。井峪幽静，树木繁茂，风景宜人。井峪泉

井峪泉　陈明超摄

井峪泉泉源　陈明超摄

原是峪内古观音堂的水源。泉池西侧嵌有明嘉靖二十七年（1548）《重修东田广井泉庵观音堂记》石碑一方，记载了井峪、井泉、井泉庵及修复观音堂、装塑三贤七圣事宜，观音堂因在泉边，故曾称"井泉庵"。碑文还记载，"前檐居半龛，有一古洞朝阳，石生怪异，古者存焉。兼并修住之处，甚为美哉矣"，为庵众修住之所。

肥峪泉

　　肥峪泉位于章丘区文祖街道西田广村和东田广村南肥峪中。肥峪泉因肥峪得名，居于整条山峪的底部，自然沟壑的石堰下。泉眼所在的石堰长 3 米，高 1.5 米。泉池为石砌不规则形，最长 1 米，宽 0.5 米。垒砌石堰的石块均为附近山上采出的自然青石，凹凸不平，石堰上遍布缝隙，泉水由石堰的缝隙中缓缓流出。盛水期，石堰上泉眼众多，偏西侧有一拳头大的洞眼为主泉眼，泉水喷泻而下，顺石堰前的石板流入农田中，

肥峪泉　陈明超摄

同时又渗入地下,依层层梯田由每层的出水口向西流去,注入大寨河支流。

肥峪是一条东西走向的山峪,肥峪泉东南方向山腰近山顶处还有一无名泉,此泉位置在附近最高,当地很多人家的梯田因为靠近山顶而只能靠此泉之水浇灌。因此,村民在泉边修砌了泉池,以留住泉水,防止其下泻。肥峪间又有多条南北走向的小山峪,这些小山峪之水汇流,向西注入大寨河支流,由月宫村汇入西巴漏河。

肥峪泉所在田广村因传说田广找水打井得名。今西田广村东高台上有龙王庙一座,现存大殿一间,为石墙青瓦拱体结构,东西两面山墙上存有精美壁画。庙西有古井一口,就是传说中田广所打的泉井。据庙内清乾隆二年(1737)《重修北神井碑记》记载,此井又名"北神井",乃"创自大元顺帝之时,宝田广仙长所赐也",至今已有700年历史。

电角泉

  电角泉位于章丘区文祖街道西田广村东南店家峪内山坡上。西田广村村南为磨池岭，海拔 689 米，是章丘、莱芜的界山，西南即是齐长城锦阳关。磨池岭西麓南北排列着两个主要山峪，均为东西向山峪。北为肥峪，内有肥峪泉，南为店家峪。

  泉出岩石下缝隙间，附近居民用自然石在泉口外围成一个直径 2 米

139

左右的半圆形泉池。此泉地处半山腰，旱季时泉池内仅一小洼水，雨季时则出水旺盛。泉水沿山峪漫流，向西南汇入大寨河支流后，折向西北流，在月宫村注入西巴漏河。

当地人管此泉叫"店家泉子"，因为它下面这条沟被称为"店家峪"或"店家沟"（细分的话，又分为上店家沟、下店家沟）。店家沟过去可能写作"垫家沟"，后来"垫"字被简写为"店"。又说泉水所在处高低不平，需要踮脚饮用，所以又称"踮脚泉"，谐音写作"电角泉"。因电角泉过去出水量很大，在20世纪50年代，西田广村老支书曾带人在峪沟里砌了一条拦河坝，村民就用塘坝里蓄积起来的泉水浇灌周围的坡地。

德泉

德泉位于章丘区文祖街道马家峪村村中十字路口西南角，曾是村中的主要饮用水源，今村民称之为"马家峪泉"。

德泉原位于一座单开间石头井屋内东墙下，因年久失修，井屋屋顶已经坍塌，只剩下两堵山墙和后墙。令人称奇的是，井屋三面墙体中嵌有七方碑刻（本为八方），分别是清雍正五年（1727）《重修官井碑记》碑、乾隆三十一年（1766）《马家峪修井碑记》碑、乾隆五十年（1785）《重修马家峪官井碑记》碑、嘉庆二十五年（1820）《修路碑记》碑、同治八年（1869）《福泉碑记》碑，以及1924年《德泉碑记》碑、1942年《重修十字路官井略记》碑，基本都是修建泉井的内容，流传有序。

德泉　陈明超摄

德泉井屋　陈明超摄

泉井边原有一方宋治平三年（1066）"胡山祈雨碑"，今已易地保护。"胡山祈雨碑"原在村北胡山之巅，记载的是时任章丘知县冯安之在村北胡山祈雨的旧事，由其门生衡均撰文。

据 1924 年《德泉碑记》记载，以前的马家峪村常年缺水，吃水基本是靠雨水积存，村内有位善人请人来掘井，并购买了一块地作为官井用地，但多次挖掘后并没有找到水源，地也被挪作他用。后来，村民终于在南峪现在的位置打出了这眼泉井，而且水量很大。大家为感谢上天之德，给泉井取名"德泉"。又因泉井的位置在村中唯一的十字路口旁边，所以有的碑记又称该井为"十字路官井"。历史上，官方曾多次出资保护、修缮德泉。

德泉虽然在济南泉水名录上没有记载，但一泉八碑的景观堪称一绝。一个名不见经传的小村，竟然把世世代代修井的碑刻基本完好地保存至今，这也体现出村民"吃水不忘挖井人"的朴素感恩情怀。

马泉

　　马泉位于章丘区官庄街道矿井村村南藏马山山崖下。泉池为石砌长方形，长 3.3 米，宽 2.1 米。泉出崖下石隙，清流一股，注入水池，水质清纯，常年不竭。

　　矿井村原名"十五图"，含义不详。明末清初，因发现矿井村地下矿产资源丰富，故名"汞井村"，后定名为"矿井村"。村北为双虎峰，村南是藏马山，马泉即以藏马山得名。传说李世民东征高句丽时由此经过，在山腰缓坡处宿营安歇，将马匹和粮草安放于此处，后来当地人便

马泉　黄鹏摄

143

马泉全景　陈明超摄

将此山称为"藏马山"。藏马山半山腰有鬼谷洞，洞门朝西，为石砌券门，洞前原有王禅祖寺。洞内崖壁上有明隆庆元年（1567）碑记称："建立鬼谷洞记赞曰，东泰西华立前功，南衡北恒显迹踪，中岳嵩山鲁明道，古洞长存不老公。济南府章丘县东锦川乡十五图藏马山重修。善人（人名略）。募缘弟子宋玄明赵真经。大明隆庆元年岁次丁卯十月建立。刻石匠人张洪。"另有清同治十二年（1873）《大清山东济南府章丘县东八里矿井庄藏马山重修鬼谷洞碑记》，由住持道人芮道和重修立碑。

在矿井村村中心还有一眼无名泉，泉池呈井形，石砌方口，水满溢流，旧时为村民饮用水源。

车辐峪泉

车辐峪泉位于章丘区官庄街道石门村西南泉子峪内。泉子峪又名"车辐峪"，此处的山谷如车辐条一样，以一座山峰为中心向四处分散开。车辐峪泉因在车辐峪内而得名。泉池在半山腰，由乱石堆砌。泉水自山崖倾泻而下聚于池内，池之上的崖壁布满了青苔，清冽的泉水在青苔的映衬下呈碧绿色，给人以深邃之感。水盛时节，站在泉边，能听到龙吟般的轰鸣。泉水下流，注入东巴漏河。

车辐峪泉　黄鹏摄

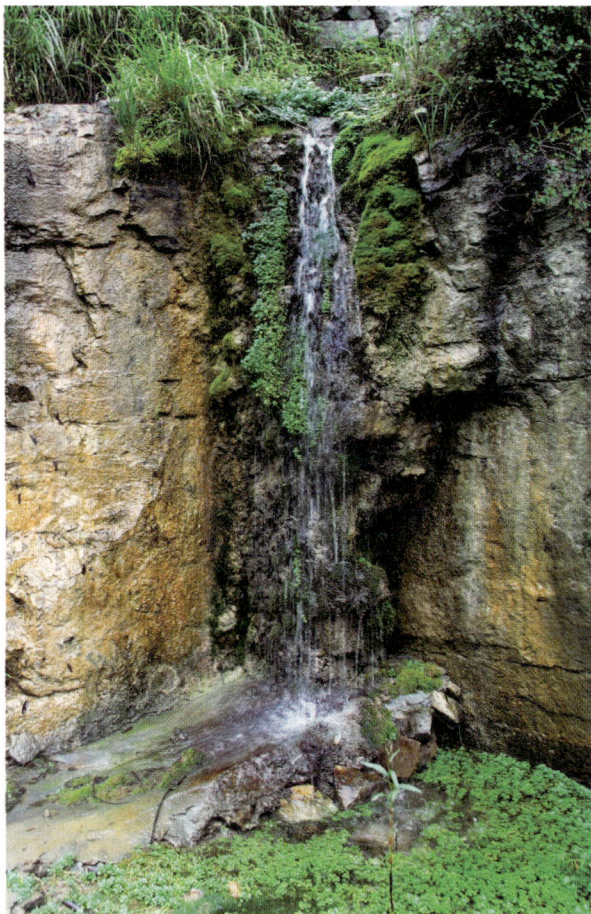

车辐峪泉　黄鹏摄

　　石门村在四面环山的峪底，东巴漏河穿村而过，北侧山体阻挡河水无法下泻，幸而有一岩洞穿透山岭，号称"石门"，十分壮观，村庄故得名"石门村"。石门底部半幅筑路行人，半幅河水流淌，好似世外桃源。村内保留着大量石瓦民居，屋坡以山草铺成，极具地方特色。

146

双水泉

　　双水泉位于章丘区官庄街道双水泉村西崖下。泉水自崖壁两个岩孔中流出，流入1米多高的拱形石券门洞中，后又经双孔汇入下方石砌的长方形（长8米、宽6米）水池中。水满溢出，一泉成溪，注入东巴漏河的上游青杨河。近年，泉池被水泥棚盖，仅可见石券门洞。

双水泉　黄鹏摄

泉池东侧是石砌池壁，池壁正中镶嵌清道光年间《重修清泉记》碑刻，"盖闻井养不穷，易有明训。以是知水也者，大有济于人也。然稽古验今，掘井九仞而不及泉者不乏矣。余庄古有清泉，名曰双水。珍珠滚滚，不亚寒泉之泓澄。□浪滔滔，何减绣江之泛滥。清□涟漪，真胜境也。但多历年所，形势倾圮，不思修砌，几堕楷模，是以合庄公议，以就良图，兼修沼池，新筑影壁，底铺白沙，隅甃青石，□焉瑞气层绕，瞻之多壮威仪。功成之后，命余作记，聊为敬语，永垂不朽云。章邑孟玉恂撰，屏岩孙洵立书。姜汉湾一半施于合庄。领袖善人（人名略），石匠宫圣言"。

双水泉村因泉得名，明朝末年，姜姓从外地迁至四暨山东麓山峪间，见山岩下有两股清澈的泉水不断喷涌，遂在此立村定居。之后张姓、王姓等姓氏也相继迁来，在此繁衍生息。今村内石砌草顶民居林立，极富地方特色。

高漉泉

　　高漉泉位于章丘区官庄街道双水泉村村西 1.5 公里西山半崖下。因泉眼地势较高，泉水自山岩中渗滤而出，故取名"高漉泉"。泉水自岩缝流出后，积于长 10 米、宽 7 米、深 6 米的石砌方池中，清澈甘美，终年不涸。在泉池西北侧石堰上，镶嵌有一方石刻，中间刻"双水泉备战

高漉泉泉池　陈明超摄

高漉泉泉源　陈明超摄

池　一九七四年五月"，额题"水利是农业的命脉"，右边石柱刻"毛主席万岁"，左边石柱刻"共产党万岁"，富有时代特色。

从高漉泉到公路的山坡上，有一条1974年修建的简易水渠遗迹，村民在青石块上凿出宽约10厘米、深约3厘米的石槽，然后将石块用水泥对接起来，连成水渠，把山沟里的泉水引到路边，方便人畜用水和农田灌溉。1992年版《章丘县志》记载了这项工程，称"双水泉村用800米管道从高漉泉引水"。

响水泉

响水泉位于章丘区官庄街道响水泉村村南。响水泉自南顶盖山山阴石崖下流出，清澈甘美，供村民饮用。因泉水常年不竭，哗哗作响，故名"响水泉"，村庄也因此得名"响水泉村"。泉水出露后流入 1962 年开凿的石砌方形池中，泉池边长 7 米，深 2.5 米。经暗渠向北伏流 20 余米，泻入清光绪四年（1878）凿就的一个小方池中，荡漾一湾。小方池由条石棚盖，留出水口，一泉成溪，注入东巴漏河的上游青杨河。

泉池上建砖石影壁，牌坊下立碑刻三方。一是光绪四年的《响水泉

响水泉新颜　黄鹏摄

151

响水泉旧貌　黄鹏摄

村买地亩碑记》，记载了村庄买地和泉水的旧事，响水泉当时为井形，"章邑东八里离城六十里有村名曰响水泉，四面青山环绕……望之而蔚然深秀者，响水泉也。庄南旧有甘泉清流，勒自前朝，甃砌为井，自明迄今，由来五百年矣"。二是 1919 年的《重修响水泉泉池记》，记载了泉池来历，"庄西南旧有一泉，水流澄清，响声震耳，此庄之所命名焉。自前清光绪四年乔公志诚与合庄处士共议凿斯池也，以济众生，立石碑焉，以为文凭。至二十三年，石碑倾坏，文凭遗失。今合庄共议，捐资输粟，重立石碑，永垂不朽矣"。三是 1958 年修整泉池后所立的石碑，题"石泉社响水泉环水池"。响水泉溪流边原有卧龙桥一座，以方便村民往来，今存《重修卧龙桥记》，镌刻施财人姓名。2012 年，响水泉被列为章丘第三批区级文物保护单位。

漯水泉·小辛庄泉

　　漯水泉位于章丘区官庄街道小辛庄村东,俗称"苇湾子泉"。泉源在村东山峪口石砌洞窟中,洞券门上有石额,镌"漯水源"三字。泉水自洞壁岩缝流出,经洞口西流约 20 米,汇入石坝拦截的大水池。水池长 50 米,宽 10 米,池水碧绿,水满漫溢。洞门前有一株古柏,树围 1.9 米,树冠巨大,枝叶繁茂。古柏下石堰间嵌有 1929 年的《漯水源重修碑楼记》。

漯水泉　陈明超摄

漯水泉拦坝成塘　陈明超摄

　　古人认为，漯水泉是东巴漏河的源头，故在泉上镌刻"漯水源"三字。东巴漏河古称"杨绪沟水""东瓜漏水"，下游则称"漯河""獭河"。漯河源出多支，《水经注》中说的"（杨绪沟水）出逢（逢）陵故城西南二十里"，即指小辛庄漯水源一带。今认定正源在淄博市博山区青龙湾村，西北流，至镇门峪村，成龙门天池（镇门峪水库）。又西北流，经五股泉村，至牛角石屋村西南，西会发源于小辛庄的漯水源，故漯水泉是漯水的源头之一。

小辛庄泉　陈明超摄

　　小辛庄西北另有一泉，本无名，2011年济南泉水普查队来此普查时，以泉在小辛庄村，将其命名为"小辛庄泉"。泉水出流稳定，泉口被保护性封盖，为全村备用水源。

西园半井·冲天泉·西园井

西园半井、冲天泉、西园井三泉均位于章丘区官庄街道朱家峪村笔架山西山峪内。笔架山位于朱家峪村西侧，由米山、面山和金山三山构成，形似笔架，由此得名。笔架山与团山形成南北向山峪，这里青山环抱，溪流纵横，林茂谷幽，景致优美，百姓称之为"西园"，将河道称为"柳树沟"。

西园半井，在柳树沟上游，笔架山西麓，水自岩缝涌出，常年不竭，汇成半人深方池，故人称"半井"。西园半井几经修建，今茸成井形，南侧置辘轳。泉水下流，注入三面石砌水池，长44米，宽20米，深约2米。

西园半井　陈明超摄

156

西园半井下泻后的水池　陈明超摄

西园井　陈明超摄

盛水时节，自溢水口流出。

柳树沟北流，东纳冲天泉泉水。冲天泉是季节性泉，在团山西麓山崖上，由两泉组成。一泉因朝天喷涌，名"向天泉"，因泉址在团山，又名"团山泉"；另一泉从岩洞里喷出，泉水飞跃山崖，形成瀑布，得名"水帘泉"。两泉流光溢彩，合称"冲天泉"。

柳树沟又北流，东纳团山下西园井泉水。西园井泉在团山东西向小山峪峪口，为石砌井形，今为保护水源，井口被覆盖。

西园半井、冲天泉、西园井三泉之水合流后，穿过一座古石桥，汇入朱家峪西园水库。出水库后，合流入朱家峪水，最终注入东巴漏河。

双井泉

　　双井泉位于章丘区官庄街道朱家峪村关帝庙南，为石砌井泉，池长1.4米、宽1米，井口长1.02米、宽0.94米，中架条石板，分隔为两眼井口，故名。泉源北侧立自然石，镌"双井"泉名。泉水旧时是居民日常饮用水源，澄澈甘冽，盛水时节溢出池岸，沿街漫流。

　　双井泉南侧路西有燕尾泉，路东是1932年由开明人士朱连拔、朱连弟创办的朱家峪女子学校遗址。双井泉北侧民居墙上立石龛关帝庙，坐北面南，东、西、北三面用青石砌成，两侧题对联"文官执笔安天下，武将挥刀定太平"，横批"亘古一人"。西侧立自然石，镌《关帝石庙碑记》。墙上嵌有清嘉庆十三年（1808）重修关帝庙碑刻一方，记载了重修关帝庙的过程。关帝庙北是进士故居，其建筑集宅院、私塾院和藏书楼于一体，据说是清光绪年间明经进士朱逢寅的故居。

双井泉　黄鹏摄

坛井

　　坛井位于章丘区官庄街道朱家峪村文峰山北麓，是朱家峪诸泉中的主泉。坛井呈井形，石甃池壁，口小内阔，因状如瓷坛得名。池口为方形，边长 0.8 米，深 12 米。池壁岩缝多处涌水，平时用担杖打水，盛水时躬身可汲，为村民饮用水。水满外溢，会文峰山诸泉之水，汇流成河，称"朱家峪水"。朱家峪水北流，注入发源于粟家峪的乾河。又北流，会大洋沟，

坛井　黄鹏摄

坛井井口　雍坚摄

160

最终汇入东巴漏河。

在坛井周围 20 米范围内，为方便往来交通，村民曾跨河道修建了七座石桥，今存六座，人称"坛井七桥"或"坛桥七折"，为朱家峪村胜景。泉池东侧自然石上镌《坛桥七折碑记》。

坛井南是文峰山，拔地孤立而起，外形独特，形如"金"字，遍山植柏，郁郁葱葱，号称"文峰独秀"，是"朱家峪八景"之一。文峰山阴山半有清道光十九年（1839）朱霞等人创立的魁星庙，系青石筑墙，小瓦屋面，几经修复。2002 年夏秋，又于文峰山顶建三层魁星楼，形成前庙后楼的格局。朱霞认为，文峰山正对着天上的北斗星，因此又在文峰山的东北方向建坛井七桥，布局正如北斗星状，寓意"魁星砚池"，寄望莘莘学子能被天上魁星手中的朱笔点中，成为栋梁之材。

长寿泉

长寿泉位于章丘区官庄街道朱家峪村文峰山东北麓山下，东北为坛井。文峰山东北余脉为一组巨大的青砂岩，文峰山阳之水下流，受到岩石阻隔，自青砂岩下两处缝隙中涌出，出露为长寿泉，长年不涸。泉池依岩而建，泉源上方自然石上镌"长寿泉"泉名，又于青石东、北两面砌岸，泉水汇为三角形小石湾，原本暗道向东注入坛井河道。今在北侧开出水口，泉东开辟广场，导引泉水形成"清泉石上流"的景观。

长寿泉水质优良，清冽爽口，烧水无锈，旧时是村民日常饮用水源。因泉边居民饮用此泉之水多长寿，故取名"长寿泉"。长寿泉西北是齐鲁知青之家，全面展示了知识青年上山下乡时期的历史故事。长寿泉南，隔文峰山通往圣水灵泉的细狗腰山垭口有一座鲁班石庙。大门两侧镌有对联"规矩千秋不易，准绳百世之师"，横批"大匠师表"。庙内三面石壁上留存着石刻壁画，十分精美。

长寿泉　陈明超摄

圣水灵泉

圣水灵泉位于章丘区官庄街道朱家峪村文峰山南、胡山圣水峪圣水灵泉庙内。圣水灵泉，俗称"圣水井子"。泉水自井壁岩缝间流出，经石雕兽首汇入下方石砌圆形深池中。池内接通管道，引入居民家中作为生活用水。清道光《济南府志》记载："泉出山半，流入石井，不溢不涸，祷雨辄应。"泉水沿山峪西流，汇入乾河。

泉池砌入高峻的圣水灵泉洞内，洞深约3米，进洞1米处有三级台阶通往泉池。洞为石砌拱形券洞，洞口券顶处嵌有一块石碑，上书"圣水灵泉"，两侧原有石刻楹联"祈数滴渊潜散长空而成时雨，保万家烟火借斯泉以度丰年"，落款为清康熙末年任山东按察使的海州黄昺敬题。在洞口的石壁上，镶嵌着一方圣水碑，上半部分刻有《重修圣水碑记》，下半部分是"观音喜降甘露圣水"图。碑文记载康熙六十年（1721）初秋，按察使黄昺随山东巡抚来胡山祈雨，"祈祷圣水古泉"。入洞内，"恍然斯洞中见（观音）大士之法身"，祷告不久，"随即沛泽，遍野甘霖"，于是"杲宪（黄昺）捐资重修斯泉"，在洞内镌刻菩萨画像并题记。

圣水灵泉洞外有台坪，石栏护卫，洞上是灵官殿、五圣祠。五圣祠由青色方石垒筑，硬山挑檐，青瓦螭顶，古朴厚重。据镶嵌在墙壁上的明万历十一年（1583）《重修圣水峪五圣祠碑记》记载，"旧有五圣祠一座"，可知其创建于明万历之前。圣水灵泉北面还有一座四圣母祠，1925年由

圣水灵泉及泉口　黄鹏摄

村妇李氏修建,《创建阳光四圣老母庙碑序》记载了修建来由。圣水灵泉将古泉与古建筑、古石刻完美融合。2000 年,圣水灵泉被列为章丘第一批县级文物保护单位。

长流泉

　　长流泉位于章丘区官庄街道朱家峪村东南、泉子岭（白虎山）山坡崖壁上。长流泉因四季水流不断而得名，因泉分两股，故又名"龙凤泉"。两股泉分列南北，有两个拱形石洞，洞口朝西。泉水自石雕兽口流出，跌落于洞内深1.5米的方池中，水盛时从池岸溢出，注入南北两方水池，而后沿山溪流淌，在夕阳的映照下，银光闪烁。两泉虽然相邻，但水位不一，甘甜有别，颇为奇特。

　　长流泉洞外壁上原有清光绪二十四年（1898）《修长流泉碑记》。今两泉洞间自然石上镌有"长流泉"碑记，据碑文可知，南池建于光绪二十四年，北池建于1921年3月。在长流泉向西眺望，古村内民居林立，祠庙、楼阁、古桥等古文化遗址星罗棋布，令人流连忘返。

长流泉　黄鹏摄

燕尾泉

　　燕尾泉位于章丘区官庄街道朱家峪村双井泉南侧，泉口位于路西石墙内的门洞底部。该门洞高约 1.3 米，宽约 0.6 米，深约 0.5 米，门洞上方的青石门楣上镌"燕尾泉"泉名。泉旁立有中、英、韩三语展示牌，上记"燕尾泉为古村最后一个开泉的季节泉"。

　　燕尾泉一般只在夏天下过大雨后才会出流，泉水从门洞里的青石缝中涌出，直接淌到街上。燕尾泉对面即是朱家峪女子学校遗址，现存二层青石小楼。女子学校东院的北屋为观音堂，北屋西侧为土地庙。两座神庙建于清康熙四十八年（1709），并立碑纪事。

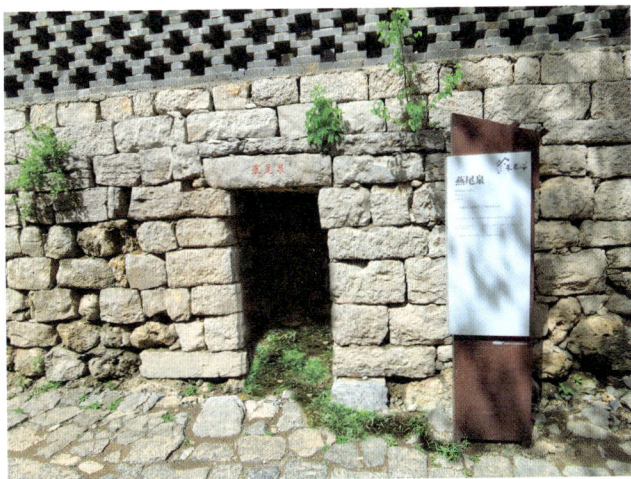

燕尾泉　陈明超摄

南泉·北泉

南泉位于章丘区官庄街道南张家庄村大王庙南侧。泉出石隙，泉池为石砌方井形，泉口边长 0.6 米，深 5.2 米。南泉之水常年不竭，旧时为村民饮用水源，东流直接汇入乾河后，北流注入东巴漏河。

大王庙居南张家庄村中心，坐西朝东，为青石结构，三开间，正门南北两侧开金钱窗。殿内券顶，南北两壁绘有精美壁画。大王庙外，横

南泉　黄鹏摄

南泉泉口　雍坚摄

北泉　陈明超摄

跨乾河，古桥众多，错落有致，与砖石结构的传统民居一起，构筑出一幅古朴淳和的乡村风貌。因乾河是一条季节性山洪河道，盛水时会冲毁村落，故于河道折弯处建大王庙供奉水神。

据清嘉庆八年（1803）《修石坝并大王庙垣墙碑记》可知，村中曾修石坝拦截山水，防止村落受损。大王庙隔河东面，有石砌方形戏台。早时村人怕山洪暴发，酿成水灾，故每年农历六月都要唱戏、上香、摆供，求大王爷保佑平安。

北泉位于章丘区官庄街道南张家庄村西大街 79 号门前。泉出石隙，泉池为石砌井形，泉口边长 0.7 米，深 7.5 米。北泉之水常年不竭，旧时为村民饮用水源，东流直接汇入乾河后，北流注入东巴漏河。

北泉以北山崖下乾河折东流处，曾有一眼大泉，今泉源淤没，上建抽水泵房取水。据泉边清咸丰十一年（1861）碑记记载，大泉出露于清道光五年（1825）。碑刻额题"大清道光五年岁在乙酉孟夏大泉碑记"，碑文称："张家庄计户百余家，计人千余口，庄内井只六孔，风雨顺调则或有余，阴阳衍期恒患不足。庄西北旧有包公祠一所，相传祠前掘地汲井必得大泉，众皆有志已数年矣。"由此可知，村中原有井泉 6 眼，包公祠 1 座。道光三年（1823），经张士忠提议，开挖泉井，历尽艰辛，至道光五年方始成功，"自癸未冬至乙酉春，三年而功告竣"，于是后人刻碑记之。大泉遗址边，跨乾河建有一座四孔石桥，北侧石壁嶙峋，四周榆柏丰茂。

马跑泉·救命泉

马跑泉位于章丘区官庄街道马闹坡村中汇河南岸。清道光《章丘县志》称："（天仓岭）岭南有池凉、马跑、救命诸泉入汶。"泉出河岸边石堰下马蹄形岩石裂隙，自然漫流，注入汇河（嬴汶河）。今用水泥砖石围砌成圆形小池，寓意"马蹄刨出之泉"。

马跑泉和马闹坡村的传说脍炙人口。传说李世民率军东征来到天仓岭下时，已是疲惫之师，军队无水可饮，被饥渴所困。危难间，李世民的坐骑不停嘶鸣，前蹄轮流刨地，此泉遂出，掬水入口，甘洌异常。因是马蹄刨出，于是称该泉为"马刨泉"，后谐音称"马跑泉"。既有水源，

马跑泉　陈明超摄

救命泉　陈明超摄

又发现有蚂蚁往山岭一处岩缝中运谷粟。得蚂蚁引路后，大军得粟解饥，这才渡过难关，遂将山岭命名为"天仓岭"。当大军夜里在此歇马休整时，天上突然落下七颗星，星光划过夜空，战马受惊，嘶鸣起来，故村子得名"马闹坡"。

马闹坡村位于天仓岭西南，东北为四暨山，两山是东巴漏河水系和嬴汶河（汇河）水系的分水岭。汇河源出西南峪后，折东流，横穿马闹坡村。据村中1940年碑记记载，村中原有三圣祠，供奉水神于其中，祈求丰年。

救命泉位于章丘区官庄街道马闹坡村东北天仓岭下山峪内。山峪俗称"梨树峪"，泉出山峪上端岩缝，积于自然水湾中。泉上垒石堰护坡，盛水时节泉水漫流而出，冲刷出自然水道，蜿蜒沿峪下流，于马闹坡村东注入汇河。

救命泉的传说与马跑泉近似，故得名"救命泉"。这个传说也见于清道光《章丘县志》，"天仓岭，在县治东南七十里。俗传古有军士困乏至此，忽见一巨蚁衔粟前过，因随至岭上，得穴焉。发之获粟，以济饥，因得名。岭南有池凉、马跑、救命诸泉入汶"。

172

柳树泉

柳树泉位于章丘区官庄街道马闹坡村村北山崖下。泉出崖下土石间，沿山峪漫流。泉水清澈甘甜，旧时为村民主要饮用水源。后整饬泉池为石砌长方形，长 13 米，宽 10 米。泉池面东，西壁由青砖错垒，中嵌石雕五角星。泉源垒入西壁北侧下方，垒成券洞形，一股流出，汇入方池，后下流于马闹坡村东注入汇河。

近年又以水泥修筑一遍，遮掩青石青砖，泉口处又依壁砌半圆形水

柳树泉　陈明超摄

柳树泉泉池旧貌　黄鹏摄

柳树泉冲破水泥池　陈明超摄

泥小池，将泉源圈入其中。泉水冲破西壁水泥，分几股清流注入池中。柳树泉北为天仓岭，岭南坡原有泰山行宫，每年农历四月初八、九月初九是天仓岭庙会，章丘、莱芜、淄博各地商贾云集。后泰山行宫年久失修，仅留遗址，人们便在遗址上栽柳树两株，以志纪念，泰山行宫南的这处泉水也因此得名"柳树泉"。2013 年农历二月初二，民众重新修建泰山行宫，复建主殿、山门，增设东西配殿、钟鼓二楼。

大沱泉

　　大沱泉位于章丘区官庄街道马闹坡村南沟西侧山崖下。泉出寨子山接近山顶处的弯月形崖壁上，泉水在壁上石洞中横向石隙间淋漓落下。石洞中有清流一股，泉水滂沱，故名"大沱泉"。

　　1978 年，在泉前拦石砌塘坝，蓄大沱泉水。泉池面东，长 30 米，宽 20 米，深 4 米。塘坝内泉水深幽碧绿，在满足附近农耕用水的同时，引出管道，穿越山峪，入村作为居民生活水源。马闹坡村虽有汇河穿流村中，山泉众多，但经常遭遇旱情，仅大沱泉常年不竭。往日村民遇到

大沱泉泉池　黄鹏摄

大沱泉泉源　陈明超摄

大旱年份，都到大沱泉来接水。因为人多水少，所以需要彻夜排队，睡在泉边。如果睡着，往往错过接水，便会懊恼不已。近年在村西修筑塘坝，兴修水利，拦截汇河之水，这才改变了吃水难的状况。

　　大沱泉所在的寨子山山峪呈"U"形。大沱泉水下流，称"南沟"，北流穿过村子南部，在村中石桥处注入东西流向的汇河。南沟之上，古桥众多，多是单孔石拱桥。据村中《修桥碑记》记载，最晚一次重修石桥是1947年。

西周峪泉

　　西周峪泉位于章丘区官庄街道西周峪村向阳桥河道南侧。泉出石隙，泉口已被棚盖，泉池上立有砖砌影壁。泉水自券洞形出水口流出，清泉一股，注入石凿圆形小池中，又通过小池内暗道，注入离泉口三四米外的露天大水池，在向阳桥边注入汇河。泉水四季不涸，旧时是西周峪村村民的饮用水源。向阳桥是一座单孔石拱桥，镌"向阳桥"桥名，桥栏

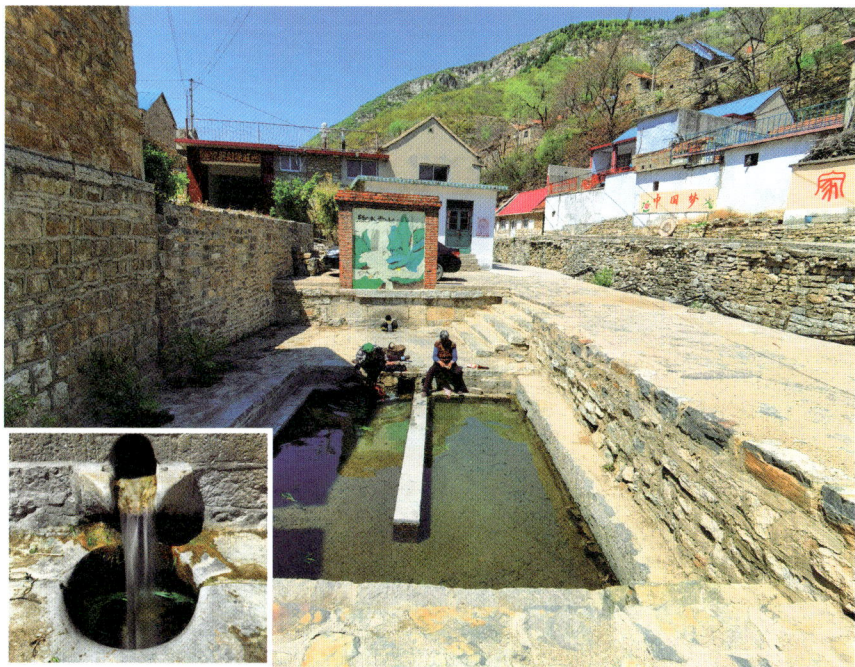

西周峪泉泉口　陈明超摄

西周峪泉　陈明超摄

177

上镌刻"抓纲治国"四字，富有时代特色。

西周峪村历史悠久，据村内碑刻记载，唐代时，村北有一村镇，名"河北镇"。后来因该村镇失火损毁，周姓便迁到镇西山峪建村，故名"西周峪"。西周峪村落古朴，石桥、石路、石屋、石碾与古泉、古树相映生辉。胜利桥，又称"西周峪大桥"，位于村口，横跨汇河，蔚为壮观。大桥于 1970 年开工，次年竣工，参照赵州桥样式以青石垒砌，为五孔石拱桥，跨度约 50 米，镌"胜利桥"桥名。桥两侧的栏杆上一侧雕刻"为有牺牲多壮志，敢教日月换新天"，另一侧雕刻"春风杨柳万千条，六亿神州尽舜尧"。胜利桥西又有一南北走向单孔石桥，样式古拙。村内还有一棵古酸枣树，据说树龄已达千年。

双井泉·大泉

　　双井泉位于章丘区官庄街道渔湾村西。汇河由北而来，在村西侧青云山山峪间流过。至村西南，受巨崖拦截，折而东流，横过渔湾村。清道光《济南府志》《章丘县志》均有收录。泉水自岩缝流出，流进两眼规格形状相似的石井中。一个呈井形，一个在山崖下，相距20余米。泉水随季节时多时少，但从未干涸，旧时为村民饮用水源。

双井泉泉池　陈明超摄

双井泉　陈明超摄

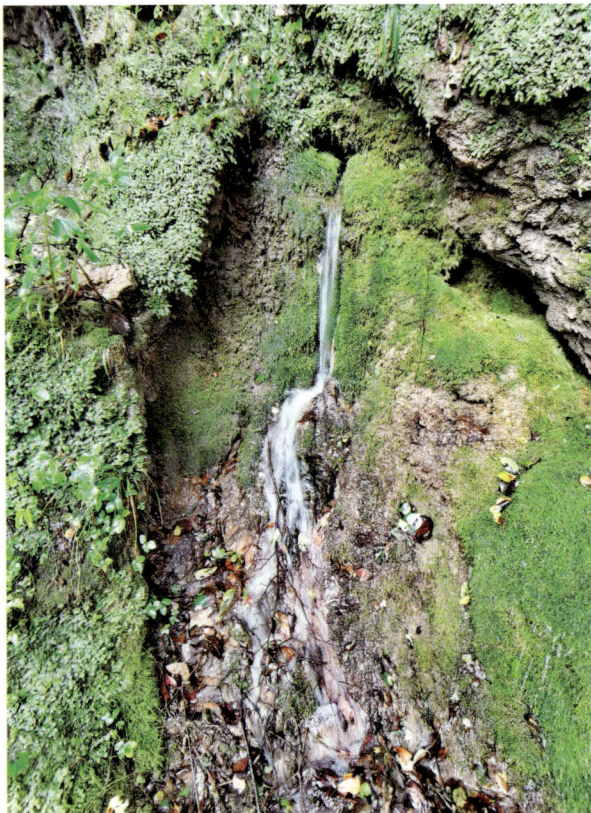

双井泉泉源　陈明超摄

　　2010年，为方便居民往来，在泉边东西向建一座三孔石拱桥——西河桥。汇河西岸双井泉崖壁上方有大泉，泉汇青云山之水，泉池为方形，由水泥砌筑，常年不竭，置输水管，为农耕灌溉和居民饮用水源。双井泉、大泉泉边倒置碑刻4方，为修筑七圣堂、玉皇庙遗留碑刻。据清乾隆二十五年（1760）《重修七圣堂碑记》记载："章丘东南乡离城八十里，庄名鱼湾。左环野狐岭，右据青云山，南襟太子崖，北枕天仓岭。是庄东南，有一神堂七圣堂居焉。"双井泉、大泉东还存有一方1944年的碑刻，记载了村中名医贾延法济世活人无数的事迹。

东泉·咋呼泉

东泉和咋呼泉均位于章丘区官庄街道渔湾村。汇河自村西青云山下折东流，横穿村中至村东，过东方红桥遇野狐岭山崖后折南流，纳东泉、咋呼泉泉水。东方红桥又称"渔湾大桥"，1970年修建，是一座单孔石拱桥，横跨汇河上，十分壮观。

东泉　陈明超摄

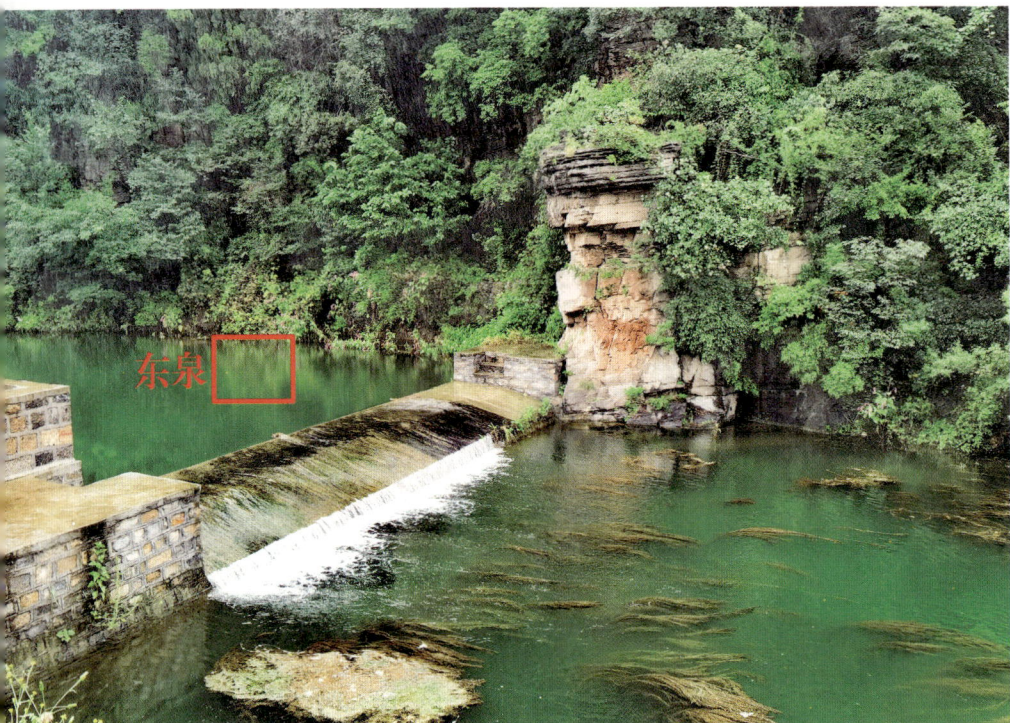

盛水时东泉泉池没入水库　陈明超摄

东泉，因泉在村东而得名。泉水自野狐岭崖壁裂缝流出，落入崖下自然水池，穿顶棚盖。泉水甘洌，常年不竭，旧时为村民饮用水源。水盛时自山崖上数处洞穴中涌出，顺山而下，奔流湍急。

咋呼泉，在渔湾村东南，向阳桥东约60米野狐岭石崖下。清道光《济南府志》《章丘县志》均有收录。因泉水涌出时声音大，宛若人呼喊，故名"咋呼泉"，俗称"打虎泉"。泉水自岩缝流出，汇为小池，为季节性泉，盛水期最大流量可达20立方米/小时。渔湾村众泉均注入汇河，在山谷间潴水成湾，常年不涸，游鱼众多。

东泉、咋呼泉泉边原有七圣堂。据村内现存清乾隆二十五年（1760）《重修七圣堂碑记》、道光二十九年（1849）《重修玉皇庙碑记》、光

咋呼泉　黄鹏摄

绪八年（1882）《重修观音七圣堂玉皇庙碑记》和1914年《观音七圣堂碑记》记载，村名为"渔湾""鱼湾"不一。

宝珠泉

　　宝珠泉位于章丘区官庄街道三角湾村南。宝珠泉因源于宝珠山下而得名，泉池为石砌长方形，长2.3米，宽0.9米，深3.2米，泉水常年不涸，旧时为村民饮用水源。泉口所在的宝珠山为三壑交叉口，汇河由东北而来，石匣水由西侧经东峪而来，在山下积成三角形水湾，村因湾得名"三角湾"。

　　1978年，在三角湾筑坝，蓄水成湖，称"宝珠山水库"。水从泄水坝跌下，形成10余米高的瀑布，向南流入莱芜区雪野水库。堤坝二次加

宝珠泉　陈明超摄

三角湾水库，库中小山为宝珠山　陈明超摄

高后，泉眼全部隐于水下，宝珠山的大部分山体也没入湖中，出露仅20米，成为湖中小岛，仿佛漂浮在清水碧波中的仙山。

　　宝珠山山顶有宝珠寺，据传始建于唐代，坐北朝南，采用中轴线均衡对称布置方式，分为正殿、东配殿、西配殿及山门。据寺内《宝珠寺碑记》记载，相传碧霞元君游历山川美景时曾来到三角湾，发现宝珠山笼罩着袅袅青烟，散发着珍珠般的光芒，便认定这是块风水宝地。于是，她便招来一个云游高僧，在山上建寺立庙。从此，宝珠寺香火不断。2000年，宝珠寺被列入章丘第一批县级文物保护单位。

太子崖泉

太子崖泉位于章丘区官庄街道三角湾村东太子崖下。泉边山峰峭壁似刀削，泉水自崖底石罅涌出，流入青石砌成的方形池中，经池外鹅卵石垒成的圆池，直接注入汇河，而后汇入宝珠山水库。

三角湾村北渔湾村现存的清乾隆二十五年（1760）《重修七圣堂碑记》记载有渔湾村"南襟太子崖"，可知太子崖历史悠久。太子崖北连马棚崖、鞍子崖，南接三角湾水库。崖上万树丛生，形态各异。传说李世民东征，

太子崖泉　陈明超摄

186

太子崖泉泉眼　黄鹏摄

三军跋山涉水来到了三角湾村，为了照顾三军将士和将要分娩的妻子，李世民下令卸鞍栖马，原地休整。不久，太子诞生，三军在太子诞生的崖下筑台扎帐、平地造场，庆贺一番。太子满月后，李世民率军继续东进，临别时，挥手指向太子诞生的崖壁说，这里就叫"太子崖"，崖下的清泉就叫"太子崖泉"。又说，崖上曾放过马鞍的地方叫"鞍子崖"，旁边拦马的地方叫"马棚崖"。百姓遂记在心间，一直流传至今。

池凉泉

池凉泉位于章丘区官庄街道池凉泉村村中清泉大街。清道光《章丘县志》《济南府志》均有收录，称"（天仓岭）岭南有池凉、马跑、救命诸泉入汶"。泉口在村中石崖下，泉水出自火成岩石窟中，后汇入石窟前的小方池，石窟上开砖砌方门，以保护泉源。小池水满，经暗道注入水泥修葺的长方形池中，池长 9 米，宽 5 米，深 3.2 米。池外有护墙，形似月牙，故又称"月牙池"。泉水清澈，常年不涸，旧时为村民饮用水源。水盛时溢池而出，沿街东南流，汇入村口石砌方形塘坝中。又东南流，

池凉泉　黄鹏摄

池凉泉岩洞泉源　陈明超摄

注入汇河。

　　池凉泉村以泉得名，西为九顶山郭家楼，北为大山，南为黄石崖，东北为天仓岭，三面环山，仅东侧至马闹坡有山峪出口。北侧大山、天仓岭山脉是天然分水岭，北侧水北流，汇入乾河，注入东巴漏河。九顶山东北坡之水出自西南峪村，是汇河的源头，出西南峪，汇入大山南侧池凉泉。山泉之水沿山峪向东流，故池凉泉号称"嬴汶河第一源泉"。汇河东流至峪口马闹坡村，折西南流，沿途又纳石匣、渔湾、三角湾、西南峪各处泉水，汇至莱芜区雪野水库。

上白秋泉

上白秋泉位于章丘区官庄街道上白秋村村西。泉出河道边山崖上，常年水流不竭。上白秋村位于官庄街道东南角，南边、东边分别与莱芜和淄博交界。三地交界的山名叫"霹雳尖"，海拔 833 米。霹雳尖山阴之水汇流，在上白秋、中白秋、下白秋村之间山峪内出露，形成泉水，流淌成溪流，向西汇入三角湾宝珠山水库，是汇河的支流之一。

传说元代一犯人起解莱芜，趁夜逃至此处藏身，后成家立业，发展

上白秋泉全景　陈明超摄

上白秋泉泉源　陈明超摄

成村。因他逃走时正是青纱帐起的秋天，在青纱帐的掩护下逃到这里时东方已经发白，便将村子命名为"白秋村"。后村东山峪间又建了许多新村，白秋村遂依方位改名为"下白秋村"。上白秋泉所在的上白秋村，元代时村名为"王家桥"。明初遭瘟疫，灾后荒无人烟。明末，高姓从普集镇池子头村迁来建村。因位于中白秋村之上，故名"上白秋村"。村内各具特色的石屋民居沿河而建，大多分布在河岸阳坡上。石屋石巷，层次井然，错落有致。

中白秋泉

　　中白秋泉位于章丘区官庄街道中白秋村村西河道南岸。今名"虎头泉"，2015年立"虎头泉"泉碑于池边。泉出崖上石隙间，泉池为石砌方形，泉水由石雕虎头注入东侧边长为4.2米的石凿方池，而后注入白秋水河道，向西汇入三角湾宝珠山水库。

中白秋泉全景　陈明超摄

中白秋泉虎头　陈明超摄

泉水常年不竭，泉西建提水泵房，为村民提供饮用水。泉西北白秋水河道上，有一座 1969 年建造的单孔石拱桥，形制古拙，势欲凌空。桥下河道中有一块浑圆山石，十分奇特，河两岸植被丰茂，葱郁苍翠。泉北建虎头泉广场。

中白秋泉所在的中白秋村，明初时为高家庄、赵家峪、宋家庄三村。明末三村连成一片，因位于上、下白秋村中间，遂改名为"中白秋村"。村北岭的两棵古柏枝繁叶茂，见证了风雨沧桑。

凉水泉

凉水泉位于章丘区官庄街道石匣村村西。凉水泉，据清道光《章丘县志》记载，名为"报孝泉"。村中道光七年（1827）《创修升仙桥序》碑记载："庄之西里余有泉焉，为汶水所自出也……则此泉为汶源之一无疑也。泉自南来，绕庄南东去。"即指此泉。

泉水自山沟南沿岩石裂隙涌出，明净清冽，积于长 1.25 米、宽 0.85米的石砌长方形泉池中，水量为石匣村诸泉之最。然后由池壁方孔溢出，

凉水泉新貌　陈明超摄

凉水泉泉源　陈明超摄

凉水泉旧影　陈明超摄

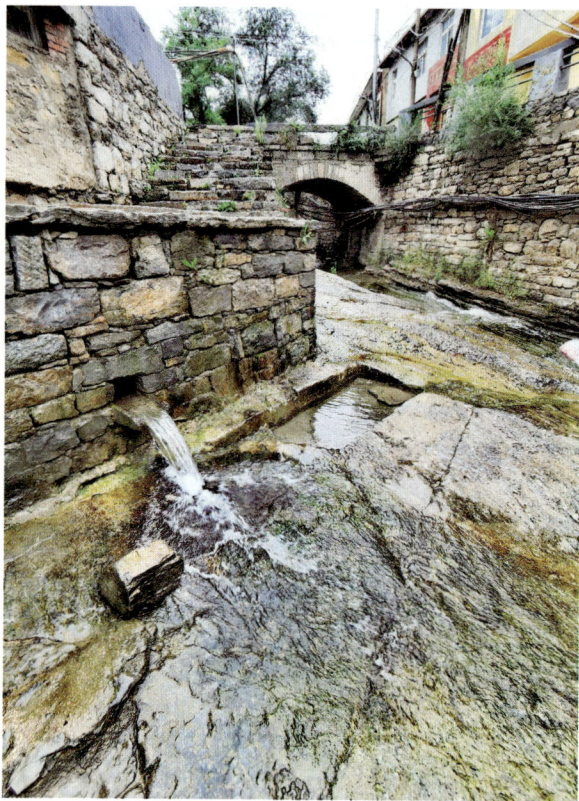

凉水泉长流　陈明超摄

注入村中的九子崖河，沿相峪东流，汇入三角湾宝珠山水库。

　　九子崖河是汇河的源头之一。石匣村北有九顶山，南为长城岭，两山之间名为"相峪"。村东有一方匣形石槽，槽中潴水有鱼，据此取村名为"石匣"。村子依九子崖河而建，刘王庙泉、凉水泉、响水泉、圣水泉、神仙泉、凤凰泉等36泉汇集河中。古有24座古桥翼然临于清澈的九子崖河溪流之上，今仍存月仙桥、罗锅桥、升仙桥、长胜桥、袁家桥、真武桥、东大桥等13座古桥。村中古建筑林立，兴隆寺、报国寺、龙王庙、刘王庙、真武庙、西庙、山神庙、关帝庙等9处庙宇沿河分布，历史久远。今又在龙王庙遗址新建章丘梆子博物馆，传承历史文化。

龙王庙泉

　　龙王庙泉位于章丘区官庄街道石匣村村东龙王庙附近、九子崖河边。泉池为石砌长方形，长 1.3 米，宽 0.9 米，条石棚盖，上开方形双口，泉水满溢流入九子崖河，旧时为村民饮用水源。近年又在泉北重建龙王庙，重修泉池，自然石叠岸，砌圆形井池，池西立自然石，镌"龙泉"二字。龙王庙泉曾因谐音而被称为"刘王庙泉"。

龙王庙泉　黄鹏摄

九子崖河河水四季长流，泉水丰沛。据村中清乾隆五十年（1785）《重修东大桥记》碑记载，石匣村所在山峪"名曰相峪"，河道名"九子崖河"，明崇祯十七年（1644）建东大桥，以方便村民往来。清康熙八年（1669），"洪水滔天"，大桥受损。乾隆四十九年（1784），又有"神龙戏水"般的大洪水，"桥竟逐流俱去矣"，故公议重修东大桥。后在桥边立龙王庙镇水，祈求风调雨顺。

真武庙泉

　　真武庙泉位于章丘区官庄街道石匣村村西真武庙前。泉池为石砌长方形，长1.5米，宽0.64米，池顶棚盖，开双口取水，旧时为村民饮用水源。泉水注入九子崖河河道。

　　真武庙泉曾因谐音被称为"珍王庙泉"。真武庙现保存完整，单开间，全石砌，正门两侧开金钱窗，门楣题"威镇坎方"。"坎"，八卦之一，代表水。"坎方"即北方，由真武大帝镇守。因九子崖河四季长流，泉

真武庙泉　陈明超摄

199

水丰沛，故立真武庙镇水，祈求平安。据真武庙《初立真武庙序》碑记载，该庙始建于清乾隆五十六年（1791）九月，因"此地山粗水急"，"宜立神坛大庙，利于村中也"，由夏而秋竣工，块石垒砌，"上下四旁浑石为之焉"。为保护河道畅通，泉水喷涌，又封四周山林，"不许牧放牛羊，斩伐草木，以及启石凹出土坑"，否则"受罚不贷"。

妙泉

  妙泉位于章丘区官庄街道石匣村村东兴隆寺内西崖下。妙泉因在寺庙中，故谐音得名。泉水自山崖下岩底汩汩涌出，水质甘洌，清澈碧透，终年不涸，一泉成溪，向南注入九子崖河。

  今泉池棚盖，崖上置泉亭，亭内塑观音像。泉前一松，高数丈，形若伞盖，十分壮观。相传奇松颇灵异，后人遂环松建寺，名曰"兴隆寺"，俗称"东寺"。寺院为四合院布局，南为山门，东西为厢房，北为正殿，香火兴盛。据寺前清乾隆八年（1743）碑记记载，该寺不知建于何年，到乾隆年间已经数次重修。寺内碑碣两方，为清光绪十七年（1891）

妙泉泉池　陈明超摄

妙泉全景　陈明超摄

十二月"重修兴隆寺"碑及光绪辛卯年"修寺前照壁"碑。兴隆寺山门
南面有一片山地，树木间掩映着九世僧众的墓碣。最南边有一座光绪
十八年（1892）"兴隆寺谱牒"碑，记录了历代僧众的谱系。碑刻两边
有对联"真山自有真人卧，吉地多容吉士居"，横批为"别有洞天"。

南井

　　南井位于章丘区官庄街道石匣村刘王庙泉西升仙桥下。泉池为井形，宽 0.7 米，深 3.2 米，垒于九子崖河南岸石堰内，有石阶通往井边。泉水常年不竭，满溢流入九子崖河，旧时为居民主要饮用水源。

　　泉边立有清道光七年（1827）《创修升仙桥序》碑，不仅记载了升仙桥的渊源，还对水系有所考证。碑文曰："章邑城南九十里，庄名石

南井泉　陈明超摄

匣。庄之西里余有泉焉，汶水所自出也。考《地理志》，汶水出自莱芜县，其源非一，合流于泰安安静镇，谓之大汶。而石匣之南五里即莱芜界，恰为齐鲁南北，则此泉为汶源之一无疑也。泉自南来，绕庄南东去。每当夏月水盛之时，洋洋活活，南来北往，济渡维艰。于是有首事善人景珞等发愿创立一桥，以利行人。但以费不赀，故以迟迟有待。去年秋，有堪舆先生自莱邑来者，指庄西尽处，谓父老曰：此地宜建一桥，以助风脉。于是众议遂决。适际岁晚水涸，鸠工运石，夙夜兼营，不数月而桥成，命曰升仙。桥三空，南北一丈，东西七尺，势有金汤之固，人无病涉之，疑诚盛举也。爰勒贞珉，用志不朽。壬子科举人前任武城县教谕现任武定府教授般阳毕岱熏撰，邑庠生景凤皆书丹。道光七年七月初九立。"今古桥已失，改建新桥。

太平李家泉

太平李家泉位于章丘区官庄街道石匣村内李家桥西的河道内水道南侧，外观为石砌方形井。此处河道深2米许，沿石阶可下行至井口处取水。

此泉周边是李姓人家居住地，取水的大部分都是附近居民，故称"太平李家泉"。20世纪80年代，周围老百姓自发凑钱砌石修泉为井，沿用至今。另据了解，此井因位于李家桥西，又俗称"李家桥井"。此井承担着大多数村民的用水之责，现已加铁皮盖，有附近村民安装了抽水设施，能在家中合闸取水。

太平李家泉　陈明超摄

石羊东泉

　　石羊东泉位于章丘区官庄街道石匣村内龙王庙东100米处的河道边。外观为双口石砌方井形，井沿外加设铁皮井盖，以保持泉水洁净。

　　此泉所处位置为村东，当地俗称"石羊"，所以老百姓管这个泉子叫"石羊东泉"。此泉常年有水，旧时为村东老百姓世世代代的主要饮用水源。20世纪50年代，老百姓砌石为井，一直沿用至今。

石羊东泉　陈明超摄

泉子崖泉

　　泉子崖泉位于章丘区官庄街道石匣村内泉子崖大桥偏西的河北岸，因地处泉子崖而得名"泉子崖泉"。泉子崖泉原来在路边石堰下，自然出流，村民要逐级而下，到堰根处去打水。为了取水方便，10多年前，村民将泉口砌筑为井，井口设置在峪路边，井沿处设置铁皮井盖，既安全又卫生。掀开井盖，可见井内泉水澄澈。与此井相邻的河岸石壁中，有泉水渗出，流入河中。

泉子崖泉泉源　陈明超摄

泉子崖泉　陈明超摄

滴水崖泉

　　滴水崖泉位于章丘区官庄街道石匣村内袁家桥北侧山崖下。此处有一段高六七米、长十余米的临河陡峭悬崖。泉水自崖壁石缝中源源不断地滴落，故名"滴水崖泉"或"滴水泉"。

　　滴水崖泉平时出水量不大，水滴分散。夏季雨后，滴水崖泉会形成颇有情调的水帘、水幕，冬季天冷时则会有冰锥、冰瀑景象出现，十分壮观。

　　据村民介绍，滴水崖泉一带曾为袁氏居住地，有古桥一座，叫"袁家桥"。

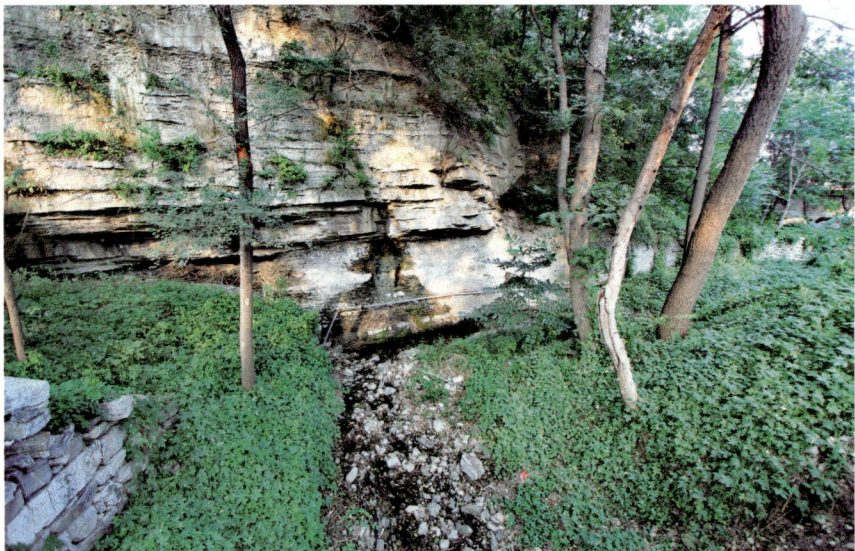

滴水崖泉　陈明超摄

蘸火泉

蘸火泉位于章丘区官庄街道石匣村内。泉池位于一堵高大石墙的墙角，大致呈三角形，石墙中特意留出一个泉洞，泉水自泉洞内的石缝中流出，四季不竭，排入旁边的山水冲沟。

据了解，旧时此泉附近有铁匠铺，铁匠们打制铁器时就近到这个泉子里来淬火，因淬火工艺在当地俗称"蘸火"，于是此泉被称为"蘸火泉"。夏季雨后此泉出水量很大，漫过马路流入沟里。

蘸火泉全景　陈明超摄

蘸火泉泉源　陈明超摄

菩萨泉

菩萨泉位于章丘区官庄街道石匣村内河道东南岸。泉池外观为方形井，平时井水距井沿 2 米多。

此泉与旧时景家有名的大善人景昆山有关。景昆山最早居住于此处，因为他乐善好施，老百姓非常爱戴他，都叫他"景大善人"。后来景昆山在兴隆寺出家为僧，老百姓为了纪念他，就把他家门口的泉叫"菩萨泉"。因此井附近河道拐弯处在当地俗称"菩萨湾"，故此泉井又称"菩萨湾泉"。

菩萨泉　陈明超摄

东八井泉

　　东八井泉位于章丘区官庄街道东八井村南。旧时泉池为石砌双井形，井口直径 0.9 米，深 3.6 米。近年，双井变为一井。泉水在丰水年时自井口溢出，平水年时从井台下流出，合九顶山阴之水、西八井村之水，汇流成溪，北流经村中同祥桥、福德门后出村，称"小岔河"，汇入东巴漏河。

　　同祥桥是单孔石拱桥，福德门是村中的圩子门。据《创修福德门碑

东八井泉旧貌　黄鹏摄

211

东八井泉　陈明超摄

记》记载，福德门创建于清光绪十四年（1888），"今吾东八井，河流直泻，实少遮拦。有景昭海等议，于庄北河侧创立文昌阁，兼修影壁，用壮山郭之色，兼蓄河流之势，以为一屯屏障，亦千古大观也"。福德门为石拱券门，正上方有"福德门"石匾。在券门北侧与门洞正对的是一座方形石影壁，影壁与大门互相烘托，布局协调。明代建村，山泉众多，以水井得名，上边的叫"上井子"，下边的叫"下井子"。又因附近的九顶山形如"八"字，清末遂以方位和山势，与西边的西八井相对，改名为"东八井"。

郭家楼泉

郭家楼泉位于章丘区官庄街道郭家楼村中龙王庙遗址下。郭家楼泉
又称"黑虎泉"，泉池为石砌圆井形，井口砌为方形，长1.0米，深3.7米，
旧时为村民饮用水源。井壁一侧有出水口，泉水下流，注入一座石砌方
形水池，清澈透明，荡漾一池。泉水复从水池出水口中倾泻下来，水盛时，
在路边的堰下形成小瀑布，村民曾借此进行水力发电。泉水继续向西，
注入小岔河，拦坝建设郭家楼水库。小岔河北流，最终汇入东巴漏河。

郭家楼泉泉池　陈明超摄

郭家楼泉井口　黄鹏摄

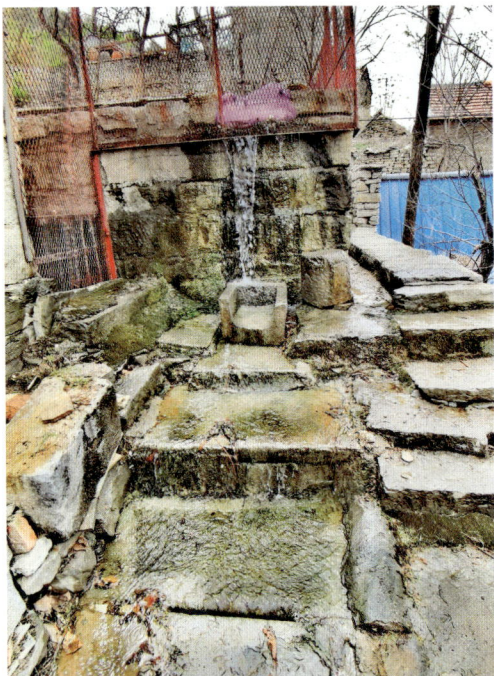

郭家楼泉水流成瀑　陈明超摄

　　郭家楼村建于明代，因郭氏建村在山坡上，房屋错落有致，望之如楼，故名"郭家楼"。村中道路大都是青石铺就，台阶比较均匀，石板路中间留有小推车的坡道，非常实用。路两边的民房均是石头建造，黄土坯墙，保留着自然的状态。

龙藏泉·天泉·圣母泉

    龙藏泉位于章丘区官庄街道赵八洞村腰疼崖南赵八洞前崖下。赵八洞，清道光《济南府志》云"相传古有樵夫赵八居此"，因此洞下的村子叫作"赵八洞村"。龙藏泉因在赵八洞，古称"赵八井"。据明代文学家李开先于嘉靖四十三年（1564）《游龙藏洞记》记载，嘉靖二十四年（1545）李开先买下赵八洞附近田产，将"赵八洞"雅称为"龙藏洞"，故"赵八井"亦改名为"龙藏泉"。李开先称，赵八井虽称作"井"，却"名

龙藏泉　陈明超摄

天泉　陈明超摄

盛而实不副"，乃是"水自崖上悬注"，状若一个小瀑布，最终汇集成一湾清潭，倒映群山如画。

今龙藏泉形貌与李开先当年所见基本一致，泉边自然石上镌"龙藏泉"泉名。自龙藏泉拾级而上，龙藏洞悬挂在山半。入洞回望，则见洞口之上悬挂一孔，日光自孔中直射洞中，金光四射，李开先形容说"如天窗然"。李开先的好友、书法家雪蓑子惊叹于此景的神奇，遂在嘉靖二十八年（1549）至此游览时写下了"通天透地"四个大字，镌刻在洞口南壁上并保存至今。龙藏洞内最著名的当属南北两壁上的摩崖造像。这些造像共计85尊，从雕刻风格上来看，应为元至明代民间所为。其中北壁分两窟，共44尊。东窟造像体形较小，但数量众多，西窟均为坐佛。南壁第一窟为关帝、关平和周仓造像，第二窟为十八罗汉，第三窟为往

圣母泉　陈明超摄

生七佛，第四窟在穹顶环列。他们体形相对同期造像较大且技艺精湛，是民间艺术的结晶。李开先把龙藏洞列入"章丘八景"之一，并作诗赞美说"龙洞熏风日日清"。

　　由龙藏洞向南，山峪幽深直上，悬崖间山泉出露，汇流成溪。天泉出自高崖上一天然石孔，雨季时则喷薄而出，好似从天上泻落，滋润四周花木扶疏。圣母泉在天泉南，出自崖下一天然石隙，积成小池一方，清可照人。龙藏泉、天泉、圣母泉之水北流，汇入小岔河，经大闫满村，注入东巴漏河。

盆崖南泉

盆崖南泉位于章丘区官庄街道上盆崖村东南天仓岭下。泉水出自石灰岩裂隙，汇为自然石湾，清澈湛透，仿佛镶嵌在山石上的碧玉，终年不涸，水质极优。泉池由料石护砌，长 6.5 米，宽 5.5 米，深 3.8 米，原有石栏环边。泉边岩壁陡峭，林木森然，宛若天井，雄奇壮观。泉南岩石上，镌"香泉"石刻。泉水自盆崖峪底流出后，汇成溪流，由西侧峪口流出，汇入小岔河。

盆崖村位于天仓岭西麓三面悬崖峭壁的谷中，形如盆底，幽美异常，

盆崖南泉　陈明超摄

因此得名。据了解,该村盛产香椿芽,在盆崖南泉泉水滋润下,随处可见的香椿树长势旺盛,故此泉又称为"香泉"。

当地近年来修建泉屋一座,将盆崖南泉泉口罩于屋内。推开屋门,即见清澈见底的泉水。泉水通过地下管道流入泉屋西北侧的两个南北相连的水泥密封储水池。南侧储水池宽约8米,长约10米;北侧储水池宽约8米,长约16米。由泉池引出的水管直接通入村民家中,作为生活用水。

天井子泉

天井子泉位于章丘区官庄街道天井村东南大山北坡崖下。泉水出自大山之阴的悬崖峭壁上，泉池为石砌长方形，长 10 米，宽 5 米，由水泥打底，池中块石垒柱，上方水泥板棚盖。泉边连翘、黄栌众多，幽深清静，色彩斑斓。池中设引水管道，蜿蜒近 3 公里至村委会前的天泉池，泉水在此蓄积后接入村民家中，为全村自来水水源。

天井子泉　陈明超摄

天泉池　陈明超摄

天井子泉泉源　陈明超摄

大山海拔 755.3 米，独立众山之间，高大挺拔，山阳即是池凉泉村，是天然分水岭，北侧水北流，汇入东巴漏河，南侧水南流，注入汇河。大山以北山峪众多，天井村在大山西北两座山峪内，村分东西，隔小岭相望，两峪峪口均有石砌泉井。村东峪东面又有山岭突出，形成一峪，岭西部悬崖峭壁之上洞窟众多，均为半月形，形似眉毛。隔岭又有一山峪，即天井子泉所在山峪。山峪西壁上有一洞双孔，中有天然石柱支撑，远望如双眼闪烁。这些山洞之间，四季滴水不断，连同天井子泉水，汇入小岔河，注入东巴漏河。

苦栎滩泉

苦栎滩泉位于章丘区曹范街道赵家岭村北双凤山南麓，因山间多苦栎树而得名。泉水自灰岩夹层中渗出，泉池三面为石砌，一面为自然石岸，水底乱石散落，水质清澈，为农田灌溉水源。双凤山上还有上泉，常年有水，旧时是村民主要饮用水源。两泉之水下流，注入三王峪水。

双凤山，俗称"双尖子"，因山有两峰，巍然并立，故本名"双峰山"，海拔795.2米，是曹范街道最高的山峰。赵家岭在双凤山南连接黄巢顶北的一道山梁上，是章丘区海拔最高的村落。据"赵家蚕姑碑"记载，清初赵姓养蚕户在此居住，形成村落，遂取名为"赵家岭"。南

苦栎滩泉　黄鹏摄

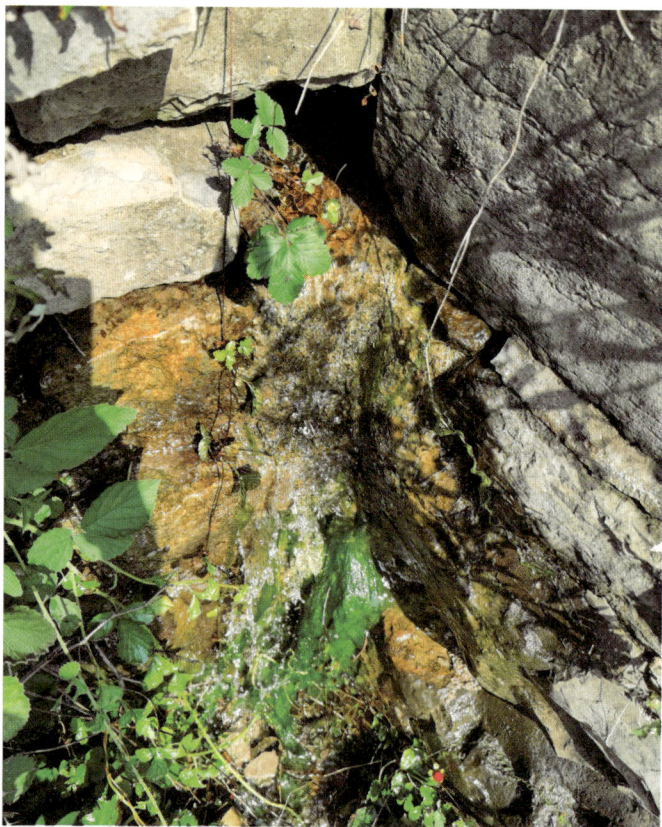

苦枥滩泉泉源　陈明超摄

面黄巢顶海拔700多米，传说唐末农民起义军领袖黄巢曾率军在此驻扎。山上有自然村黄草顶，原有一户人家，今村已消失，仅留遗址。由黄巢顶再往南是垛庄镇十八盘村，山高路险。山间有清光绪三十年（1904）《重修盘道碑记》残碑一方，记载了曾经行路、修路的艰辛。

大凹峪泉

　　大凹峪泉位于章丘区曹范街道大凹峪村。泉出石崖下，叁入石堰门洞中。泉水源自双峰山，山水因山势分为两股，南麓下流出露，形成苦栌滩泉、上泉；东北一带山水则依地势由小凹峪、大凹峪出露，而后注入横河。

　　大凹峪村依山而建，位于山腰的一处平台上，因所在的位置向内凹陷而得名。四岔沟在大凹峪南，据记载，清末杨姓从小凹峪迁来，在四条山沟交汇处建村，故名"四岔沟"，如今已无人居住。

大凹峪泉　陈明超摄

大凹峪泉泉源　陈明超摄

　　过去，双峰山东麓小凹峪、大凹峪、四岔沟、高山台等村庄虽有泉水，但饮水仍旧困难。1981 年，经多村联合，截留三王峪响泉谷老泉水，兴建了一座扬水站，把水提上山村，解决了这几个村的用水问题。如今，在大凹峪、四岔沟村外还存有一排用石块和水泥垒成的石柱，顺山坡一直延伸到山下的深谷中，这就是当时提水上山的管道支柱。石柱管道历经 40 年风雨，见证了当年那段难忘的历史。

小凹峪泉·双峰泉·纱泉

小凹峪泉位于章丘区曹范街道小凹峪村。泉出小凹峪村民居墙下，泉口由水泥修筑，泉池为石砌方井形，边长 0.7 米，旧时为村民饮用水源。

双峰泉在小凹峪村西双峰山下，泉池为石砌长方形，长 1.9 米，宽 1.6 米，泉口为石雕圆井形。泉水常年不竭，旧时为村民主要饮用水源。

在小凹峪村西双峰山石堰下还有一眼纱泉，泉源砌入石堰，开尖顶形券门。泉池呈长方形，长 1.17 米，宽 0.9 米，泉水常年不竭，为农业

小凹峪泉泉源　陈明超摄

双峰泉泉池　陈明超摄

灌溉水源。

　　三泉之水汇入横河后，再入西巴漏河。小凹峪村在双峰山西麓山峪深处，清初在小山凹中建村，故名"小凹峪"。

布袋站泉·石楼子峪泉

布袋站泉位于章丘区曹范街道布袋站村中。泉出崖下石缝中，常流不竭。泉池为石垒，呈不规则形，最长处有 1 米，最宽处有 0.5 米。水满汇入横河，而后注入西巴漏河。

布袋站村西南是海拔 714 米的高山，东边是大岭，东北是海拔 679 米的和尚帽。村子因在三山之间的山峪内，形似布口袋，故名"布袋站"。

布袋站泉　黄鹏摄

石楼子峪泉　陈明超摄

石楼子峪泉源　陈明超摄

另有传说称，宋末有两个山大王为争夺山头，互相攻战，相持不下，后因此处缺水，各自退兵不再战，故后人建村取名"不再战"，以谐音转成"布袋站"。

布袋站村隔大岭东侧有一村，村名为"石楼子峪"，仅有一户人家。因村上边有一小石山，高而方正，宛如楼形，因此得名。村边垒筑高台石堰，堰下靠石崖砌石屋，石屋内有一汪山泉，俗称"石楼子峪泉"，与布袋站泉一东一西，并列在大岭两侧，点缀大山。

横河泉

横河泉位于章丘区曹范街道北横河村南河道边。横河泉，又名"北横河老井"。泉水于1966年钻探出露，井口为石砌方形，边长0.6米，深9.1米，泉井边有石砌护壁。泉水久盛不衰，丰水期从井口四溢，漫流至河中，随横河注入西巴漏河。泉旁西崖五山并立，称"五虎山"。河道南岸崖洞内有一方清嘉庆十年（1805）石碑，其上所镌《大清封山碑记》记载，"山东济南府章邱城南六十里明秀乡，古有洪河庄。河南有山，名曰五虎山"。据碑文可知，横河村原名"洪河庄"，以穿村而

横河泉旧影　黄鹏摄

231

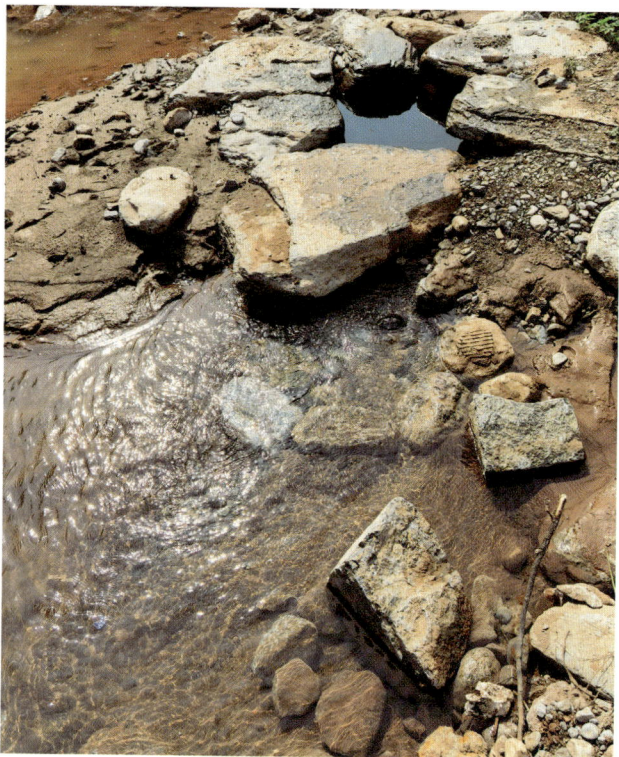

横河泉长流　陈明超摄

过的横河得名。横河因盛水时节洪水奔腾山谷间，气势磅礴，得名"洪河"，后以谐音改名为"横河"。村南五虎山风景优美，清泉溢流，山顶常有浮云笼罩，实乃一方胜境。村中有荼姓人氏名"荼太爷"者，号召村民封山护林，得到响应，故立碑禁止在山上放牧牛羊和乱砍滥伐，"合庄众人皆以为戒，因此封山是实，永垂不朽之尔"。

大泉·小泉

　　大泉位于章丘区曹范街道大泉自然村西南山腰石崖下，村以泉名。泉水自岩石缝隙涌出，伏流 5 米，注入长 3.97 米、宽 1.95 米、深 1.5 米的泉池，今以水泥棚盖。泉水久旱不枯，旧时为村民饮用水源。大泉之水北流，经长沟，注入横河，又东北流，于垛庄南明村汇入西巴漏河。

　　小泉位于章丘区曹范街道小泉自然村东首山崖下，村以泉名。泉池为方形，边长 3 米，由水泥修筑。泉水清澈，久旱不涸，水盛时溢出漫流，

大泉　陈明超摄

小泉　陈明超摄

旧时为村民饮用水源，今以水泥棚盖。此外，在小泉自然村中还有一眼中公泉。泉池为石砌井形，泉口由自然石砌成长方形，长 1 米，宽 0.55 米。泉水常年不竭，旧时为村民饮用水源。小泉、中公泉之水北流，经双前子沟，一同注入横河，又东北流，于垛庄南明村汇入西巴漏河。

大泉、小泉两个自然村均在双峰山北麓，隔山岭相望，中为东崖自然村，有始建于明朝末年的观音庙。东崖村如今人去村空，石砌屋舍仍在，石磨、石墙依旧，宛如时光停驻。三村周边，峰峦叠翠，沟壑纵横，林木繁茂，泉溪净澄。

羊栏顶泉

羊栏顶泉位于章丘区曹范街道羊栏顶村东南崖下。泉自石崖下流出，汇入被棚盖一半的水池。池为水泥砌筑，长8米，宽5米。泉水久旱不涸，旧时为村民饮用水源。泉水下流，注入横河，又东北流，于垛庄南明村汇入西巴漏河。

清末，卢姓从卢张庄迁来建村，因山顶似羊栏，故名"羊栏顶村"。又传说当地牧羊人为防夏秋雨季骤雨，在山顶建了一个大羊栏，遂得此名。村中本有11户人家，30口人。今居民外迁，经常居住的仅有两三户人家。羊栏顶村南隔双峰山即是赵家岭。

羊栏顶泉　黄鹏摄

235

柳泉·锦鸡泉·鹁鸽泉·地泉· 南泉·家鹤泉

柳泉、锦鸡泉、鹁鸽泉、地泉、南泉和家鹤泉均位于章丘区曹范街道瓦口岭村。

瓦口岭村，地处群山环抱之中。村南有海拔 714 米的高山和海拔 679 米的和尚帽，村北是海拔 534 米的圈门岭，众水汇流，山泉众多。圈门岭原本是曹范和垛庄的分界线，岭上山凹处有一座青石垒成的单拱石券门，名"文风阁"，是连通南北的要道，所以称此岭为"圈门岭"。文风阁边立清代碑刻一方，漫漶不能读，东侧有大王庙。

柳泉，在村南山脚下。泉自石堰下岩隙涌出，注入河道，因昔日泉边柳树成林，故名。

锦鸡泉，在柳泉西约 150 米处的河床北沿。泉水自岩石缝隙涌出，形成"清泉石上流"的景象，汇入泉前小溪。

鹁鸽泉，在村西南沟口处，泉水常年不竭，旱季淙淙流淌不息，雨季腾突奋涌，蔚为壮观。泉水积于小水池后汇入水塘，为农田灌溉水源。

地泉，在村南，因平地涌泉，故名。1957 年在泉涌处掘池蓄水，名曰"胜利方塘"。水池长 25 米，宽 15 米，深约 4 米。泉水常年自池壁、池底涌出，汇为一池碧水。

南泉，在村南岭山崖上，泉水自数处石缝中流出，顺山崖淌下，在

柳泉　黄鹏摄

柳泉　陈明超摄

锦鸡泉　黄鹏摄

锦鸡泉注入横河　陈明超摄

鹁鸽泉　黄鹏摄

鹁鸽泉　陈明超摄

地泉　黄鹏摄

胜利方塘　陈明超摄

南泉崖壁及泉源　陈明超摄

家鹤泉　黄鹏摄

崖下积水成湾。

　　家鹤泉，在叶家庄自然村东南峪水边石堰下，汇为小池，由石棚棚盖，泉水终年不竭，水势颇盛，为农田灌溉水源。

　　此外，瓦口岭村中还有无名泉一眼，涓涓细流，汇成小溪，旧时为村民饮用水源。

　　众泉之水一同汇入横河，东南注入西巴漏河。

东峪泉

　　东峪泉位于章丘区曹范街道黄石梁村村东山峪底部。泉眼在石堰下的一处石洞内，水自石洞底部的石隙中流出，终年不竭。石洞由块石垒成，深约1.5米，宽约0.7米。每到雨季，泉水喷涌，自洞口溢出，沿山峪漫流，入横河，于南明庄归入西巴漏河。

　　黄石梁村扼三王峪峪口，三王峪水会横河于村南，包括黄石梁和下官峪两个自然村。据村中土地庙残碑记载，清雍正三年（1725），村民

东峪泉泉洞　黄鹏摄

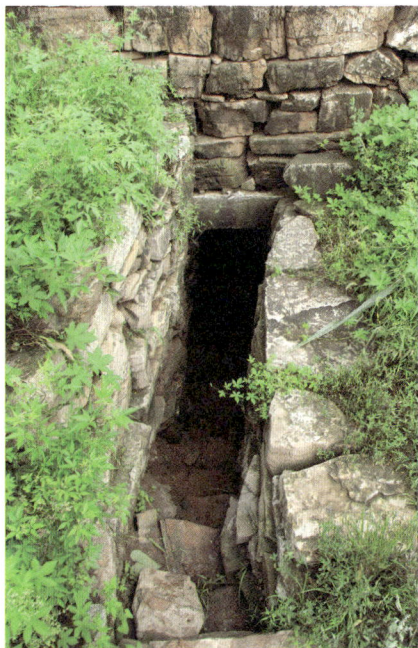

东峪泉　黄鹏摄

在一块大黄石梁下立村，故名。横河自村中蜿蜒穿过，一座石桥横跨南北。桥北头东侧的河岸边，有一座小巧的观音庙，由青砖垒成，琉璃瓦覆顶，为近年来重建。庙前有清嘉庆十三年（1808）碑刻一方，漫漶不能读。庙前一株老柏树，粗壮高大，枝繁叶茂，苍翠挺拔。下官峪在黄石梁西南，村中有一口老泉井。据泉井旁清同治二年（1863）的"水井碑"记载，丁姓于该年从圣井镇丁李福村迁来建村，取名"上官阁庄"，后演变成"下官峪"。

泡罐泉

泡罐泉位于章丘区曹范街道黄石梁村村南三王峪水支流的南崖下，泉北是三王峪水形成的瀑布。泉池呈井形，直径1米，深4米余。丰水季节，泉水涌出井口，注入河道。近年井口淤没，但雨季涌流不息，汇入横河后，西南注入西巴漏河。

关于泡罐泉有一传说。西汉末年，反对王莽暴政的农民起义频发，山东赤眉军、湖北绿林军、河北铜马军为其中的主要力量。三王峪驻扎着赤眉军首领樊崇的三员大将樊柯、魏方、于平，因而得名"三王峪"。

泡罐泉　黄鹏摄

泡罐泉全景　陈明超摄

泡罐泉上游三王峪瀑布　陈明超摄

已加入南方绿林军的西汉皇族后裔刘秀，即后来的东汉王朝创建者光武帝，为光复汉室，在军中不断扩展自己的势力，先后率兵赴河北、山东，对铜马、赤眉两支起义军进行收编说服。刘秀来到山东，驻扎在三王峪入口的泡关岭下，见众将士汲水而井水不见少，甚感惊奇，不禁赋诗一首："泡关岭下一井泉，南阳刘秀来访贤。三军同饮此中水，但见泉丰水不减。"并将其题刻在泉井旁的石壁上。

南泉·漾泉

南泉和漾泉均位于章丘区曹范街道黄石梁村。

南泉，在村南河道边崖下。泉水自山崖的崖缝间流出，汇集于崖前泉池内，满溢流入横河河道中。泉池因形就势，东面垒石砌壁，西面为自然崖壁，池中水草丰茂，游鱼俯仰，清幽澄碧。

漾泉，在村南河道中，盛水时从泉口四溢，直接注入三王峪河道中，故名"漾泉"。

南泉 黄鹏摄

漾泉　陈明超摄

漾泉、南泉水随横河之水，西南于南明庄注入西巴漏河。

南泉、漾泉西靠和尚帽和大岭，东南为谷等崖，扼三王峪咽喉，山高谷深，山水汇流，故泉水出露。谷等崖海拔 659.4 米，原名"姑子庵山"。传说有一位尼姑在山中修行，建立尼姑庵，因山体峻峭，悬崖高耸，而得名"姑子崖"，后来因谐音改为"谷等崖"。

井泉

　　井泉位于章丘区曹范街道井泉村内，原在 447 号民居门前。泉池为方口井形，水质甘美，被村民称为"甜水井"，过去曾是村民主要饮用水源。20 世纪八九十年代，村中修路，将泉口遮盖（未填死），覆于水泥路下。

　　井泉所在的位置旧称"泉子沟"，为井泉村先民的发祥地，井泉亦被当地人称为"泉子沟古泉"。在井泉旧址旁，有 2016 年井泉村村委会

井泉水道　陈明超摄

井泉遗址　陈明超摄

所立的"井泉村发祥地泉子沟古泉遗址"碑。碑文称："泉子沟泉穴位于沟西头北岭之阳，穴深三米，初，终年有水，汛期泉水喷涌，滋润沟域草木生长，可供人畜饮用，适宜人类生存。元末明初，先后有赵、陈、田、崔、苏、王等姓来此谋生，后消失。明朝嘉靖、万历年间，相继有包、张、姜、刘、吴氏迁徙于此，建房、整地、掘井，繁衍生息，建成村落。因村内有井有泉而得村名，距今已有五百余年。述本清源，泉子沟实为井泉古村发祥之地。"

三井泉

三井泉位于章丘区曹范街道井泉村内，由老井、大井、小井等组成。

老井，在村中望井桥前，"水磨明珠"方塘南侧堰下，为方口井形，泉边立"老井遗址"碑刻。泉水水质甘美，旧时是居民主要饮用水源。

大井，在老井东侧七圣花园大门外，为方口井形，泉边立"大井遗址"碑刻，东北民居墙外有石砌关帝庙一座。

小井，在老井西南跃进方塘北侧，为方口井形，满溢流入西侧石砌泉池，泉边立"小井遗址"碑刻。

老井　陈明超摄

大井　陈明超摄

248

小井　陈明超摄　　　　　　　　　　三井泉蓄水池　陈明超摄

　　此外，在老井西侧还有新井泉一眼，上筑护房，抽取泉水入户。

　　三井泉之水，均来自村北北岭下泉子沟。泉子沟今已形成街道，故泉源压盖不能显露，仅留遗址。泉水暗流，自泉子沟西南流，过望井桥，入"水磨明珠"方塘，汇为老井、大井、小井诸泉。泉水又下流，在小井泉南依次汇成跃进方塘、胜利方塘、龙盘湾池河和湾崖水库。出水库，入大冶河，经曹范水库、大冶村东，至卫东桥注入西巴漏河。胜利方塘西有龙王庙，南为古七圣堂。七圣堂前存碑刻三方，即清乾隆十八年（1753）《重修七圣堂碑记》碑、乾隆五十四年（1789）《重修七圣堂记》碑和同治十二年（1873）《重修七圣堂记》碑，号称"法像辉煌，千重瑞色耀明里；金身灿烂，万道祥光照井泉"。

东泉·西泉

东泉、西泉均位于章丘区曹范街道清港泉村。

东泉在村东首清泉大街河道边，以方位得名"东泉"。泉池修筑成井形，泉口长 0.66 米，宽 0.56 米。泉水自池壁的岩缝中涌出，汇聚于池中，泉水清冽甘甜，旧时是村民饮用水源之一。今在东泉边建联村供水清泉水厂，为附近居民提供日常生活用水。

西泉在村西首清港泉东百米处山脚石堰下，以方位得名"西泉"。西泉原为方形泉池，为保护泉水，加盖半封闭水泥方池，池口长 1.35 米，

东泉　黄鹏摄

西泉　陈明超摄

宽 0.6 米。泉水自水管中涓涓流出，常年不涸，旧时为村民饮用水源。

东泉、西泉盛时沿山沟漫流，汇入横河，蜿蜒群山间，在南明庄注入西巴漏河。

清港泉

　　清港泉位于章丘区曹范街道清港泉村西。泉水出自文凤山西麓山脚红页岩下，原本自然漫流，积为一湾，是横河的源头。泉下建有石砌长方形蓄水池，南北长约35米，东西宽约8米，水深7米，池边加石砌护栏，水色青翠，为农业灌溉水源。

　　清港泉村始建于清雍正年间，因当时山泉众多，青杨参天，故得名"青杨泉村"，后演化成"清港泉村"，今又称"清泉村"。村中现存的《赵氏宗谱》和《李氏谱系》碑记载了村子沿革。清港泉村四面环山，东为东大顶，西为文凤山，南为瓦岗寨，北为北大岭，仅东北方向东大顶和北大岭之间有天然出口。村内泉水众多，自西向东穿过村落，折东北沿出口流出，成为横河之源。横河东北流，沿途纳聘贤峪、朱家峪等众多山峪之水，至没口村折东流，沿途又纳双峰山阴大泉、小泉等众泉之水，瓦口岭众泉之水，来至黄石梁村会三王峪众泉之水。横河在黄石梁村东流，至横河村折东南流，又纳东、西立虎村众泉之水和圣水泉村泉水，至南明庄注入西巴漏河，总长约19公里。横河一路穿行于高山峡谷间，多急流转弯，盛水时节水势汹涌。

清港泉　陈明超摄

上马泉·南泉

上马泉和南泉均位于章丘区曹范街道清港泉村。上马泉在承德庙遗址下，泉水自红页岩岩缝流出，清流一股，蜿蜒20余米，汇于石砌池中，注入横河。南泉，在上马泉下山坡上，以清港泉村方位得名"南泉"。原泉池为井形，泉水自池底涌出，常年不竭。1980年后，在泉池西侧挖掘一座深于原泉池的蓄水池，泉水遂注入深池，水深碧绿，四季不涸。

清港泉村内众泉中，南泉水量最大，往日干旱时节，附近十几个村的百姓均至此汲水。上马泉、南泉西为瓦岗寨山，山势雄伟陡峻，地势

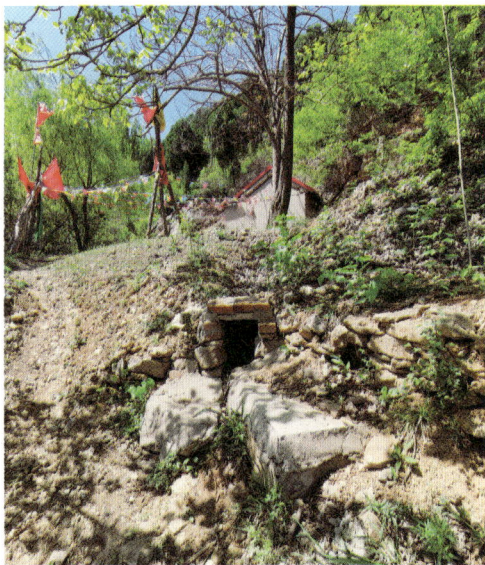

上马泉藏于石砌洞中　陈明超摄

上马泉泉源　陈明超摄

南泉西蓄水池　黄鹏摄

险要。主峰东有一座馒头状的小山峰，名"麦穰垛"。麦穰垛下有一处古山寨，相传隋末农民起义军将领程咬金和尤俊达劫皇纲后，为躲避靠山王杨林的追捕，逃至此处建立山寨，与历城好汉秦琼结交，然后率部加入河南瓦岗军。因此此山被称为"瓦岗寨"，程咬金饮马的山泉被称为"饮马泉"，后来演化成"上马泉"。瓦岗寨、上马泉一带山高林密，是横河和锦绣川的分水岭。上马泉所处的山谷向南延伸，过山口与垛庄镇团圆沟村搭界，团圆沟的泉水则汇入南部山区的锦绣川。

255

老泉

老泉位于章丘区曹范街道公益牌村蔡家窝西北，三王峪景区响泉谷内。泉在响泉谷峡谷南面崖下，北为飞龙泉，西为升馨泉、响泉。泉池依山就势，砌成长方形，上部为石垒，下部为水泥修筑，长 1.48 米，宽 0.9 米，立有中英文"老泉"碑刻各一块。老泉旧时为周围村民饮用水源。泉水自崖壁下溢出，汇聚泉池中。盛水时节，喷涌如注，注入三王峪后，于黄石梁村汇入横河，东南注入西巴漏河。

泉边嵌有自然石，镌"老泉"泉名。泉边立石碑，称"此泉在三王峪一带的地壳形成时就已存在，千年复千年地一直在流淌，故称其为'老泉'。"诗云："泉涌天开亿万载，流水依旧象万古。"在老泉旁边的山谷中，由于常年的泉水冲刷，在岩石上形成了两个小石湾，一个似贝壳，一个似小舟，石贝在上，石舟在下，惟妙惟肖。老泉西北为海拔 795.2 米的双峰山，山上四周分布着大凹峪、小凹峪、高山台、四岔沟、大泉、小泉、东崖、赵家岭、黄草顶等自然村落，世代水源奇缺。1981 年，大凹峪、小凹峪、高山台、四岔沟四村联合施工，截留三王峪老泉水，兴建了一座扬水站，劈山修渠，把泉水提上山村，最终解决了吃水问题。今又在谷外河道上开辟了 1600 米长的漂流滑道，更添水趣。

老泉　陈明超摄

飞龙泉

飞龙泉位于章丘区曹范街道公益牌村蔡家窝西北,三王峪景区响泉谷内。泉在响泉谷峡谷北侧崖下,泉水从悬崖石窍中流出,泉眼是直径约 0.45 米的椭圆形岩洞,洞壁呈穹庐形,洞外花木繁茂,泉口外置条石,立有中英文"飞龙泉"碑刻各一块,泉边建有泉亭。

盛水时节,汹涌的泉水从岩洞中喷出,倾泻而下,激流与岩石撞击,白浪翻腾,水汽弥漫,沿石阶一侧下流,铺陈在山间,宛若一条银色的飞龙在山谷中腾跃,故名"飞龙泉"。飞龙泉之水合响泉、老泉之水注

飞龙泉　陈明超摄

泉水倾泻如飞龙腾空　陈明超摄

入三王峪水后，于黄石梁村汇入横河，东南注入西巴漏河。

据"飞龙泉"碑刻记载，传说汉光武帝刘秀和唐末黄巢均来此观泉。黄巢在遭到围攻被迫转移时，不由感叹："吾欲化作飞龙腾，荡涤唐军一身轻。"人们便借此语赞美飞龙泉说，"吾欲化作飞龙腾，荡涤污尘一身轻"，寓意清泉濯缨、洁身自律。

飞龙泉南是垛庄与曹范的分界——黄巢岭、车厢岭，西北是曹范的最高峰——双峰山、高山。这里山高谷深，植被茂密，黄栌、枫叶漫山，幽深空静。

响泉·升馨泉

　　响泉和升馨泉均位于章丘区曹范街道公益牌村蔡家窝西北，三王峪景区响泉谷内。

　　响泉，在山谷西端河道北侧崖上，无泉池，属季节性泉。盛水时泉水从崖上石堰中喷出，穿过绿树掩映的山崖，击石作声，声势浩大，震响满谷，故名"响泉"，所在山谷也被命名为"响泉谷"。泉边立"响泉"

响泉　陈明超摄

升馨泉　陈明超摄

升馨泉石刻　陈明超摄

碑刻，泉南建聆泉亭，河道上建有一座小桥，名"凤桥"。置身桥上，满山滴翠，清风送爽。传说当初响泉被巨岩压盖，突然有一天，巨石崩塌，声若震雷，泉水喷涌，惊动了天上的玉皇大帝。玉皇大帝以为是天河开了口子，便派水神水德星君前来查看。水德星君驾云来到三王峪，发现原来是大山之中冒出了新泉眼，不由感叹真是"响泉"。响泉之水注入三王峪水后，与谷内众多泉水一起，于黄石梁村汇入横河，东南注入西巴漏河。

升馨泉，在响泉东河道南侧。泉池呈自然状，不规则形。泉出石隙，有四个泉眼，竞相喷涌，状若趵突，因此有"小趵突泉"之称。泉边有中英文"升馨泉"碑刻各一块。

淋泉

淋泉位于章丘区曹范街道公益牌村蔡家窝西北，三王峪景区响泉谷内。泉在河道南岸山崖下，西为老泉、飞龙泉。泉水无明显泉源，自崖壁间渗流而出，积为一池，状若水淋或露珠，故名"淋泉"，又名"露水泉""滴露泉""仙露泉"等。泉池称"漱玉池"，为石砌长方形，长 11 米，宽 10 米。池边自然石上镌"漱玉池"三字，立有中英文"漱

淋泉（漱玉池）　陈明超摄

淋泉鹊桥　陈明超摄

玉池与仙露泉"碑刻各一块。

　　民间传说，漱玉池是织女沐浴的地方，又说是过去采桑女沐浴的地方。人们赋诗赞美说："仙草露珠滴洁池，淑女沾琼漱玉浴。无情天河隔仙缘，有恩鹊桥圆美意。"漱玉池西跨河有一座鹊桥，传说是鸟神被牛郎织女的真挚情感所打动而派喜鹊搭成的桥，牛郎织女便在淋泉边相会，一起看涧水长流。

水月泉

　　水月泉位于章丘区曹范街道中楼村西南山峪中。泉出石隙，汇入被石板压盖的石砌小池。泉水常年不竭，为农田灌溉水源。盛水时外溢成溪，注入三王峪后，入横河，最终汇入西巴漏河。泉边群山连绵，涧水长流，正合宋代张侃《水月泉》一诗中描绘的风景——"水清月白又初秋，潆潆山泉入涧流"。

水月泉　陈明超摄

　　中楼村本名"蔡家庄"，清嘉庆二十年（1815），村中建庙，附钟楼一座，故改村名为"钟楼子"，今演化为"中楼"。村中中楼大桥横跨河上，为单孔石拱桥。站在桥头，三王峪三个主峰映入眼帘。相传西汉末期，因赤眉军首领樊崇派樊柯、魏方、于平三员大将来此驻扎，因而得名"三王峪"，三个主峰依次称作"樊王寨""魏王寨""于王寨"。今建成的三王峪山水风景园，园内峰峦俊秀，植被茂密，泉溪间布，洞窟奇特，共有百余个景点，号称"幽而不僻远闹市，山水清风真自然"。

西山泉

　　西山泉位于章丘区曹范街道孟张庄村西。泉在西大岭山坡上，泉池为石砌圆井形，井口直径 1 米。泉水久旱不枯，为村民饮用及农田灌溉水源。孟张村位于东大岭、西大岭之间，东大岭上有圩子墙。南为与横河相隔的分水岭，故西山泉水北流，会卢张、井泉水后，西北入大冶河，再经曹范水库、大冶村东，至卫东桥注入西巴漏河。

西山泉　陈明超摄

西山泉注入大泉池　陈明超摄

　　北侧卢张村与孟张村在同一山峪内，村北有座金牛山，海拔 333 米。据说古时村里有一个放牛娃，在山上放牧 99 头牛。时间久了，放牛娃发现每当把牛群赶到山上，99 头牛就会变成 100 头，把牛群赶下山以后，就又变成了 99 头。有一天，上山之前，放牛娃在 99 头牛的牛角上都拴上了红布条。等牛群到山上以后，果然发现有一头金牛头上没有红布条。放牛娃用石头把金牛的一只牛角打了下来。金牛叼起牛角，钻进了山中。这座山因此得名"金牛山"。从那以后，再也没有人见过金牛。如今，金牛钻进去的山坡上只有一堆碎石，寸草不生。

南邓泉

　　南邓泉位于章丘区曹范街道南邓庄村南山坳中。泉水从村南石壁上的岩缝中涌出，汇入拱形山洞，洞阔 1.5 米，深 3 米。洞前为石砌长方形泉池，池长 2.7 米，宽 1.68 米，今由水泥棚盖，池前有砖垒护墙。泉北侧石壁上嵌有一块碑刻，上刻"大清康熙仲夏开泉"字样。

　　此泉旧时因村庄而得名。今泉旁新立碑刻一方，上书"天赐泉　大清康熙十八年（1679）开泉"。泉东北侧建有一座灵巧秀丽的六角亭，

南邓泉（天赐泉）　黄鹏摄

天赐泉古碑　黄鹏摄

亭梁上书"问泉亭"三字。亭东有一蓄水池，长宽各 20 余米。远近山色倒映水中，随波荡漾。泉水北流，注入山峪间穿村而过的大冶河。大冶河发源于村西寨山脚下四陡道山峪间，寨山连绵，呈半圆形，是大冶河和横河的分水岭。四陡道指西陡道、东陡道（宋家庙）、上陡道、下陡道四个自然村。大冶河自四陡道，经东核桃峪、西核桃峪，东流至南邓庄、北邓庄后，折东北流。出群山后，经曹范水库、大冶村东，至卫东桥注入西巴漏河。

永泉

　　永泉位于章丘区曹范街道寨山后村村南白云寺前。因泉水终年不竭，故名"永泉"。泉池依山而建，呈长方形，原来四周立石栏，池内有三个石雕龙头，三股泉水自龙口喷出。泉水清澈甘冽，旧时为白云寺僧人及村民饮用水源。

　　在永泉西南不远处还有一口泉，名为"井泉"，常年不枯，水质优良。近年来，当地人对泉池重新修茸。永泉和井泉之水下流成河，穿村而过，

永泉　陈明超摄

271

永泉边井泉旧貌　黄鹏摄

大大小小、各式各样的石桥，连接着村子南北。泉水东流出山峪后，汇入大冶河，至大冶村东注入西巴漏河。

寨山后村因位于寨山之后得名，永泉西即为白云寺。白云寺坐西朝东，正殿供奉释迦牟尼，南北配殿分别供奉观音菩萨和地藏王菩萨。寺内还保存有清乾隆七年（1742）《重修白云寺记》、乾隆二十一年（1756）《创修山门记》、光绪二十二年（1896）《重修白云寺记》、光绪二十九年（1903）《寨山后重修白云寺碑记》等碑刻。白云寺历史悠久，乾隆七年碑记称："古高唐西南有寨山，山北有峪，峪中有寺，曰白云寺峙焉。其始建也，由来远矣。"其后，清道光《章丘县志》记载："白云寺，在亭山西南十五里。"2000年，白云寺被列为章丘市第一批文物保护单位。

南泉

　　南泉位于章丘区曹范街道办事处寨山后村村南山崖之下。此泉的泉眼位于岩缝洞穴之中，属于一处洞穴式泉水。

　　南泉四季有水，再旱也不断流，夏季水量大，泉水从洞穴中喷涌而出，很是壮观。以前村民都挑着担子来挑水，村里安装自来水后，村民才改吃自来水，但仍有村民来这里挑水吃，因为此泉水质甘冽，没有水垢。

　　南泉所处的山崖上面，乃历史悠久的古刹白云寺。

南泉泉源　陈明超摄

南泉　陈明超摄

南泉成河　陈明超摄

大泉·高粱峪泉

　　大泉和高粱峪泉均位于章丘区曹范街道公益牌村。公益牌有三个自然村，自西向东分布在三王峪三王寨山阳，依次是蔡家窝、安庄和河南。三村南北，高山林立，山峪纵横，三王寨、石柱山山水下流，择隙而出，故而山泉众多，涧水长流。今又在谷外河道上开辟1600米长的漂流滑道，人们漂流在河上，看泉水长流，更添情趣。

大泉　陈明超摄

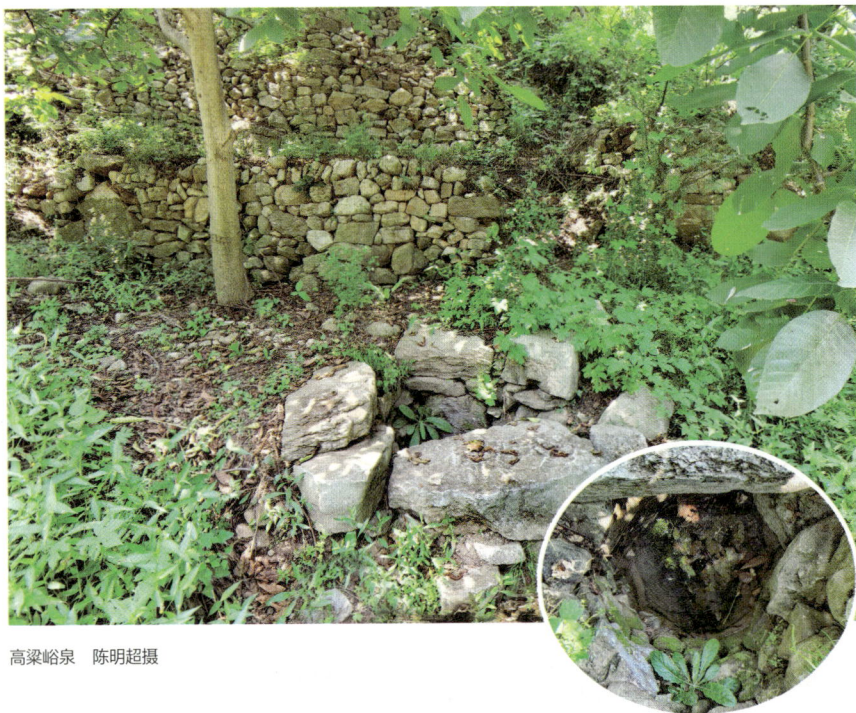

高粱峪泉　陈明超摄

　　大泉，在安庄南河道南岸，由两泉组成，均在河道边石堰内，为石砌泉池。泉出土石间，常年不竭，汇水成溪，为农田灌溉水源。

　　高粱峪泉，在河南村南、石柱山北高粱峪内，泉池为石砌圆井形，泉口直径 0.8 米，深 3.4 米，泉水常年不竭。

　　大泉、高粱峪泉注入三王峪水后，于黄石梁村汇入横河，东南注入西巴漏河。

太平泉

太平泉位于章丘区垛庄镇南垛庄村沿河大街中段、镇政府南侧。泉池为石砌圆井形，泉口直径 0.8 米，水质清澈甘甜，水温常年保持在 16℃左右。据说此泉水具有明目、清肺、祛疾等功效，可延年益寿，且外出远行带上它可免水土不服，故名"太平泉"。又因泉水常年喷涌，盛水时高出泉池尺余，白浪翻滚腾跃，故为垛庄旧"八大景"之一。2006 年，重修太平泉泉池，立"太平泉"泉碑。泉口上设护罩，并在泉上建泉亭，名为"太平亭"。泉南架跨河小桥，取名"太平桥"。今在太平泉下游修建数道拦水坝，形成几个碧波荡漾的溪塘。太平泉附近另有几处泉眼，众泉齐涌，直接注入巴漏河。

近年，又在泉亭嵌"太平泉传说"碑刻。传说某年垛庄一带大旱，

太平泉　黄鹏摄

太平泉全景　陈明超摄

太平泉溢流　陈明超摄

碧霞元君告诉山神爷南垛庄村口有一块房屋大的巨石，石上长满青苔，将巨石挪开即是一方清泉。大家打开巨石，泉水自石下汩汩而出，百姓称之为"神泉"。现实中，太平泉在历史上确实发挥过传说中"神泉"的重要水利作用。1957年，为解决西巴漏河上游各村的人畜吃水问题，修建拦水坝引太平泉等泉水，而后修筑宽0.5米、深0.6米、流量0.1米/秒的水渠，即"太平渠"，初步解决了石匣、南明等村庄2500余人的生活用水问题，并扩大水浇地500亩。1958年，又打通耸南崖、虎趾崖4000米的悬崖峭壁，经过滑山、架子山、马头山，把太平渠延伸至沙湾村和文祖镇，让沿途村庄都吃上了太平泉之水。

西立虎泉

西立虎泉位于章丘区垛庄镇西立虎村西的西南山峪中。泉出西南山峪内的"半亩地"，南侧山崖俗称"锅磕子崖"。泉池为长方形，水泥修筑，长32米，宽13米，深4米。泉源没入水池中，池中莲叶漂浮。泉水常年不竭，湛蓝清透，映照碧空。泉水自北侧出水口泻出，激荡山间，独流成溪，俗称"老婆沟"，为四周农田灌溉水源。又东北流，有单孔石桥横亘溪上，嵌"林壑尤美"石刻。溪水过石桥，至村西拦坝成石匣

西立虎泉旧貌　黄鹏摄

西立虎泉新颜　黄鹏摄

西立虎泉莲叶漂浮　雍坚摄

水库，今称"西立虎塘坝"。而后东西穿过西立虎村，与东立虎泉相会。又东北流，汇入发源于清港泉的横河，至垛庄南明村注入西巴漏河。

西立虎村北为谷等崖，西为石柱子山，南为磨二起山、北峪大顶，群山环绕，峡谷幽深。相传明代中叶，因村北山上有狐狸状巨型条石，而得名"狸虎村"，后演化为"立虎村"，再后来以方位分称"东立虎村""西立虎村"。

张家峪泉

　　张家峪泉位于章丘区垛庄镇西立虎村村西的张家峪中。泉出山崖间一块青石下，就势垒为石砌长方形泉池，长 1.2 米，宽 0.6 米。泉水细流，常年不竭。

　　泉下引流部分泉水，建水泥长方池，承蓄泉水，用以灌溉四周农田。部分泉水则独流成溪，向西北流出张家峪至村西，会西立虎泉水形成老

张家峪泉　陈明超摄

张家峪泉泉下水泥长方池　陈明超摄

婆沟。两泉交汇处崖壁下，即为西立虎塘坝。坝南崖壁上，摩崖镌刻"石匣水库"四个大字，大字中间，雕刻五角星，环五角星刻"大跃进万岁"五个字。五角星两侧镌对联："独有英雄驱虎豹，敢让日月换新天。"下刻"公元一九六六年八月志"。

张家峪泉和西立虎泉合流后，向东穿过西立虎村，又东流，穿过东立虎村，汇入发源于清港泉的横河，最终至垛庄南明村注入西巴漏河。

东立虎泉

东立虎泉位于章丘区垛庄镇东立虎村西南山峪间。泉出山崖下缝隙中，垒砌为方形泉口，水积一湾。泉水下流成溪，向东北汇入发源于清港泉的横河，至垛庄南明村注入西巴漏河。今泉源上游拦坝成塘，供四周农田灌溉之用。

东立虎村中有清光绪四年（1878）封山碑一方，记载村名为"狸虎庄"，因为"庄北有山一座，悬崖削壁，其势太陡，如石下坠。庄中屋舍屡被其害，前经公议栽植树株，借以保护，不致为患。恐有渔利之辈，窃伐树株，任意作践，公肯示禁"，遂由章丘知县立碑封山，划清地界，保护山林泉源。

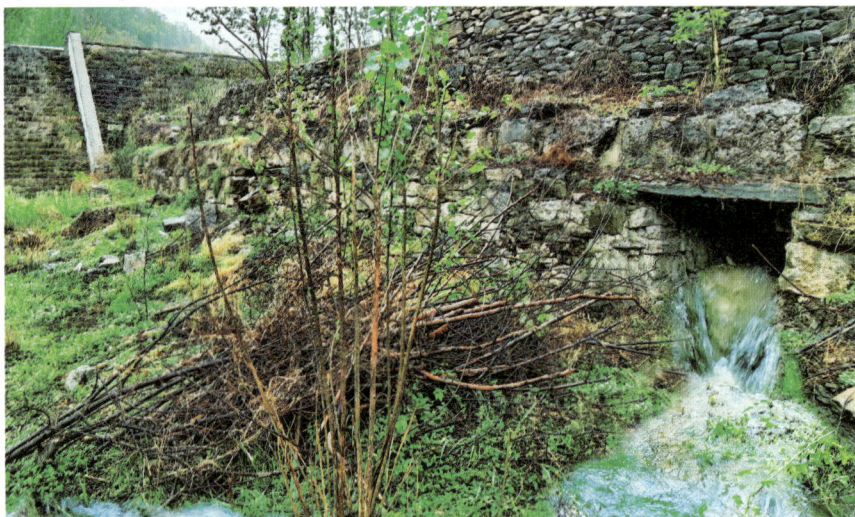

东立虎泉　陈明超摄

284

圣水泉

　　圣水泉位于章丘区垛庄镇圣水泉村村西圣水泉大桥南侧河道边。圣水泉大桥西北侧山崖下有古圣水泉寺遗址,岩洞有石龛,龛西有一竖岩缝,滴水于崖前,汇成自然湾。向南过桥,依崖修砌大型蓄水池,储存泉水,满溢流入圣水泉大桥飞跨的横河,东南流,注入西巴漏河。

　　传说很久以前,村里因缺水,人气不旺,很多年没有村名。有个叫心诚的人背上干粮去泰山,祈求泰山老奶奶赐给大家水喝。心诚一路奔波,十分虔诚,到了泰山,一步一叩首,步步祈求泰山老奶奶赐水。这

圣水泉泉口　黄鹏摄

圣水泉大桥　陈明超摄

事感动了泰山老奶奶，于是她安排水神给百姓赐水。水神来到村子，用拂尘沾了一下玉女池的水往北一甩，甩在村子石桥西北侧石壁的石缝里，泉水便自悬崖缝隙流出，像串串珍珠滴落下来。水虽然不大，却能满足村民的生活所需。所以当地百姓视泉水为救命神水，取名为"滴水泉"，后更名为"圣水泉"，村以泉名。时至今日，逢年过节村民都要在泉边给泰山老奶奶上香，并通过舞龙的方式，祈求风调雨顺、幸福安康。

南峪泉

南峪泉位于章丘区垛庄镇南峪村村南山峪中。泉池阔大，为石砌长方形，长 36 米，宽 23 米。泉水出自池底 9 个泉眼，涌流不竭，为农田灌溉水源，西北流，注入西巴漏河。

南峪村位于齐长城北门关西南山峪间，周围有架子山、雾山子、铜顶山、长城岭等山。众水下流，村上游山峪建有小型水库，下有泄洪渠贯通村子，部分为明渠，多为暗沟。村内有许多泉井，为自山上流下的泉水，

南峪泉泉池　黄鹏摄

287

水量充沛。山水继续下渗，出露为南峪泉、南河泉等泉。

村东南铜顶山与阎王鼻子山之间的山口即齐长城北门关，连接章丘、莱芜，是古时齐鲁分界线上的重要关口之一。北门关关门为青石发券，门洞高 2.5 米，宽 3 米，深 5 米，关顶有平台，台上有城墙和垛口。关东阎王鼻子山坡现存的齐长城城墙上有一便门，门宽 5.5 米，两侧石墙残高 2 米。便门内阎王鼻子山陡坡上是人工凿成的曲折盘山道，道旁石崖上有两处石碑座槽。2001 年，齐长城遗址被列为全国重点文物保护单位。

南河泉

　　南河泉位于章丘区垛庄镇南峪村村南山峪中。泉池呈半椭圆形，面积约300平方米。泉水自一侧池壁底部涌出，四季不涸，为农田灌溉用水。朝向山峪下方的池壁上开有溢水口，雨季泉水出涌旺盛，由此溢出后，蜿蜒向西北注入西巴漏河。

　　南河泉原来为自然出露，自路边泉眼往外淌水，在附近形成天然水塘，过去天旱时村民都用泥罐子来此挑水，孩子们则喜欢来此逮鱼捉虾。20世纪60年代，南峪村村民在泉口附近修建塘坝，将水蓄积起来，用来灌溉农田。此塘坝总深3米，旱季水深一般也能保持在2米左右。

南河泉泉池　黄鹏摄

琴泉

　　琴泉位于章丘区垛庄镇下琴子村村北。泉源在村北山坡一处崖壁上，垒筑有石砌罩室。泉水沿山崖而下，形成瀑布，注入水泥修筑的长方形泉池，池长7.2米，宽4.8米。满溢漫流成溪，名"海山沟"。溪水南流，沿途水溪崖畔，由琴泉引出的泉眼细密如筛。至村中三孔石桥边，引流一股，砌成方井形，直接注入海山沟。因出水口下有高低不平的石块，水流跌落时会传出叮咚泉响，颇似琴音，故称"琴泉"。琴泉之水继续

琴泉长流　陈明超摄

琴泉泉源被棚盖，留出水口　陈明超摄

南流，注入由东巴漏河拦坝而成的垛庄水库。因水库建在海山之南，故名"海山湖"。

琴泉所在的村庄多生长野生芹菜，故名"芹子村"，后来因为琴泉长流，则又因谐音改名为"琴子村"。后来，又在琴子村的上游形成一个新的村庄。为了有所区分，琴子村改名为"下琴子村"，而上游村庄叫作"上琴子村"。除了琴泉，村边溪流河道里还有冒花泉、大泉等山泉，夏季水盛时，漫出河道，村民即引泉水浇灌农田果园。"农业学大寨"时修建的跃进渠，由条石砌岸，至今保存完好。近年，村中兴建的"琴泉竹韵"景区，吸引了许多游客。

凉水泉

　　凉水泉位于章丘区垛庄镇西车厢村中。清道光《济南府志》《章丘县志》均有收录，《章丘县志》称"凉水泉，在县南八十里车厢庄西，泉水甘冽澄澈"。泉池为石砌井形，泉口长 1 米，宽 0.6 米。泉水沿暗道向南，汇入河道，下流经百丈崖水库，过黄沙埠，注入西巴漏河。

　　近年来，当地重新整修凉水泉泉池，加装护栏。因当地有"凤凰戏牡丹"的传说，改称"牡丹泉"，并镌刻"牡丹泉"泉名。泉边是村中

凉水泉旧貌　黄鹏摄

凉水泉新颜　黄鹏摄

原七圣堂遗址，存碑刻五方，今重新竖立在凉水泉栏杆北侧，分别是清康熙十年（1671）《重修七圣堂碑记》碑、嘉庆十三年（1808）《山东济南府章丘县明六里西车厢庄重修七圣堂记》碑、道光十一年（1831）《山东济南府章丘县明六里移从龙王庙碑记》碑、同治二年（1863）"井水保洁"碑、光绪二十九年（1903）《重修白衣大士大殿碑记》碑。其中，"井水保洁"碑称"西车厢七圣堂前，旧有方甃石井，泉甘味洌，浅汲可得，短绠无忧，合庄利赖久矣"，为了保护泉水，遂公同约禁："凡庄人及外处牛羊不许朝暮向饮，亦不许径行往来，致粪污井水。即妇女洗衣必需乎水，尤祈各家时时开说，勿以匪浣，或泡井中，使人共恶不净。如有不遵者，公议罚钱壹千文，入社修庙无怨。"

293

凤凰泉

凤凰泉位于章丘区垛庄镇西车厢村中、凉水泉西。泉水自民居墙根下一天然石穴中涌出，常年不竭，流入石砌方池，池壁上立"凤凰泉"泉名碑。泉水由池壁南侧暗道流出，清流一股，汇入河道，下流经百丈崖水库，过黄沙埠，注入西巴漏河。

凤凰泉俗称"老泉"，旧时是村民主要饮用水源。当地有"牡丹一

凤凰泉原始风貌　黄鹏摄

凤凰泉新颜　黄鹏摄

开，凤凰长鸣"的美丽传说，也被称为"凤凰戏牡丹"。相传在很早以前，有一只修炼成仙的金凤凰从西车厢村上空飞过，见泉池旁有一株牡丹正娇艳盛开，光彩夺目。金凤凰被深深吸引，飞到牡丹花旁，千年相依。此泉遂得名"凤凰泉"，东侧凉水泉称"牡丹泉"。沿河道逆流而上，凤凰泉向西不远处是凤栖坡，就是传说中金凤凰栖息的地方，自然石上镌刻"凤栖坡"三字，当地人称其为"凤凰嘴坡"。又西，道路尽头是一座圆弧形山崖。崖高20多米，宽30多米，山崖下半部凹进去，形成了一个天然的巨大穹顶，俗称"石雾门"，传说是凤凰修炼的地方。

上泉

上泉位于章丘区垛庄镇十八盘村中。因位于下泉的上方得名，又因在村北泉子崖上，故又名"泉子崖泉"。

上泉出自村北泉子崖山崖下的石罅中，沿暗道注入方池，浪花激荡，荡漾一池，而后顺势下流至村中。居民因势利导，修建泉道，泉水穿过房前屋后，可谓"家家泉水"。泉水继续下流，来至下泉边，自下泉旁注入十八盘水河道，水盛时形成一座小型瀑布，十分壮观。

上泉　陈明超摄

上泉泉源　陈明超摄

下泉·玉盘泉

　　下泉和玉盘泉均位于章丘区垛庄镇十八盘村中，隔河相望。

　　下泉出自河道边石穴之间，与上泉相对，故名下泉。垒筑石堰台，砌成双井形，条石护泉口，堰台围砖砌护栏。水满，注入发源于兴隆山和大、小寨山之间的十八盘水，下流经百丈崖水库，过黄沙埠，注入西巴漏河。

　　下泉原名"盛水泉"，据泉池上方清嘉庆十二年（1807）《建修井泉及砌西堰志序》碑记载："十八盘村古有盛水泉，官地一方，历代久矣。

下泉　黄鹏摄

下泉全景，图中右侧瀑布为上泉下流形成　陈明超摄

盈林清澈甘美并佳焉，人赖之以生，乃天地间最急要之务也。"因害怕污染泉水，"由是合庄属议，以为洁净之计，起筑井台。灰石高垒，兼修石堰一宫，使注水旁行，不得侵入"。其后，清同治八年（1869）又重新修茸泉池，立碑刻一方，镌《修井池碑记》，称"十八盘村古有涌泉"，本次重修泉池后"合庄共立条规"保护泉水泉池。下泉之水来自村北兴隆山，山势如城墙东西横列，十分壮观。据泉边清光绪三十年（1904）《兴隆山碑记》记载，"（兴隆山）迎山之下有盘谷，盘谷之间泉甘土肥，草木丛茂。因隐者之所盘旋，遂锡嘉名曰'十八盘'云是村也"，可知十八盘村村名由来。

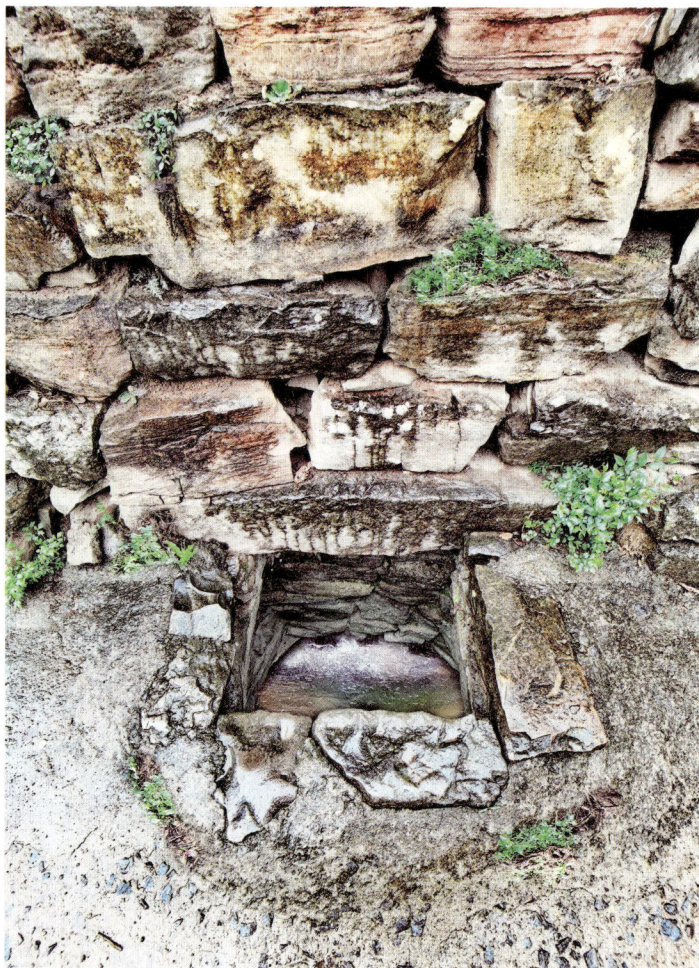

玉盘泉　陈明超摄

　　下泉南隔河道相对的石堰下另有一处无名泉，砌成井池，泉水清澈，过去也是居民饮用水源。雨季，此泉之水能溢出井口，漫流入河道。2021 年 8 月，被定名为"玉盘泉"。

　　今在下泉边建立"古泉老井"酒坊，以泉水酿酒，号称"山泉水酿"之酒，"一壶赛过杏花村"。2013 年，以下泉为核心的十八盘村井池被列为章丘第三批县级文物保护单位。

东车厢泉

东车厢泉位于章丘区垛庄镇东车厢村中。泉水自石堰下岩缝中渗出，汇入条石砌口的方形井池中，常年不涸，旧时为村民饮用水源。泉水下流，经百丈崖水库，过黄沙埠，注入西巴漏河。

泉边有七圣堂遗址，存有清咸丰十年（1860）《东车厢重修碑序》、1917年《新建七圣堂买庙田碑序》石碑两方。《东车厢重修碑序》称："自立此庄之后，即建七圣堂，为一村祈祷之处。"东车厢村历史悠久，与西车厢村东西相对，两村之北为黄巢顶、石柱山，南为百丈崖，东有莲华山，西为大寨、小寨，群山之间山峪幽深，中有地块状若车厢。据北垛庄明万历四十年（1612）"三官庙碑"记载，西车厢村村名来历是"因该村在车厢地西，故名西车厢"。东车厢村村名来历与西车厢村相同，即在车厢地东。

东车厢泉　黄鹏摄

胜水泉

胜水泉位于章丘区垛庄镇黄沙埠村东莲华山圣水禅寺内。清道光《章丘县志·山水考》记载："莲华山在县治之南八十里，陟山四望，如十万芙蓉直穷天际。"莲华山主峰磨二起，又名"灵鹫顶"，海拔763米，因山体像上下两起石磨而得名。胜水禅寺位于莲华山东西向楚峪中，坐北朝南，原名"胜水庵"，明代重修后更名"圣泉寺"，俗称"楚峪寺"。寺前通天神渠长流峪内。

胜水泉在通天神渠边，青石瓮成井形，水自岩缝涌出，注入通天神渠，汇入西巴漏河。泉水洁澈，四时不涸，清冽甘美。据说以胜水泉水洗眼可退阴翳，沐浴可治皮肤病，故唐太宗李世民御封为"胜泉"，又名"圣泉""神泉"。

胜水泉向东，是重修的胜水禅寺，主体建筑包括山门、天王殿、大雄宝殿，东西配殿为观音殿、地藏王殿、伽蓝殿，两旁设有钟鼓楼。寺西北密林间为塔林，原有佛塔10余座，今4座保存完好。其中，建于明永乐十年（1412）的浩贤禅师灵塔结构精巧，建筑华美，被列入济南市文物保护单位。塔边立《浩贤禅师塔铭》碑，由中顺大夫、太常寺卿兼经筵侍书程南云撰写并篆额，翰林院侍读学士黄养正书丹，记载了浩贤禅师的生平和胜水禅寺的历史。

胜水泉　陈明超摄

胜水禅寺塔林　陈明超摄

303

火贯泉·神泉

　　火贯泉位于章丘区垛庄镇火贯村东北山峪间。泉出大寨、小寨两山下西南峪中土石间，峪正中垒筑有高台石堰一座，堰中留一石孔，泉水自孔中下泻，积入自然水湾中。泉水下流，穿过峪口公路注入西巴漏河。

　　火贯泉下方石堰中又出露清泉一股，即神泉，泉水冲击堰下岩石，水花四溅，漫流一湾，而后东南注入西巴漏河。神泉之水常年不涸，平时为农田灌溉水源，四周居民和游客则多来此打水饮用，络绎不绝。

火贯泉全景　陈明超摄

神泉泉源　陈明超摄

　　火贯泉东北有大寨、小寨两座山峰，其中大寨海拔841.4米，是四周最高峰。两峰相连，大寨峰顶斜陡如山寨。小寨瘦削如柱，悬崖峭壁，直插云霄。从不同角度看，双峰形态均不相同，均难以登顶，是典型的岱崮地貌。大寨和小寨俗称"二郎担山"，传说二郎神杨戬奉玉帝之命，给王母娘娘寿诞贡奉仙桃，途经这里，被景色吸引，在此休息，错过了时间，没承想仙桃化为两座山峰，便有了大、小寨。寨下清泉长流，好似桃汁一样甘甜。

神泉全景　陈明超摄

黑峪泉

　　黑峪泉位于章丘区垛庄镇山圣圈村西南原黑峪村口。泉水自花岗片麻岩裂隙涌出，久旱不枯，平时涓涓细流，汇为一池。盛水期泉水溢出，形成瀑布，蔚为壮观。今绕涧而下，有一石砌长方形蓄水池，水泥棚盖，留出水口，池长 13.2 米，宽 8.8 米，深 3 米，为村民饮用及农田灌溉水源。泉周山花烂漫，谷深林密，百鸟啼鸣。泉旁有一棵槭树，树干遒劲，枝

黑峪泉蓄水池出水口　黄鹏摄

黑峪泉泉源　陈明超摄

繁叶茂，参天入云。

黑峪泉泉水下流，注入发源于长城岭下南麦腰、东麦腰、西麦腰村一带的山溪。溪水在黑峪口处形成瀑布，冬季则冰挂石崖上，美丽壮观。而后向北，经三岔注入西巴漏河。

黑峪村原本是一个自然村，在黑峪泉上方的山峪内，1990 年后，整体迁入山圣圈村。黑峪村南即长城岭大山，西南高峰鸡爪顶因形似鸡爪得名，海拔 896 米；再西是三屏山，因有三道山梁形似屏障得名，海拔924 米，是章丘区第一高峰。

山圣泉

山圣泉位于章丘区垛庄镇山圣圈村中三圣堂遗址南民居外。泉池为石砌圆井形，井口砌成方形，内径 0.5 米，深 4 米，旧时是村民主要饮用水源。泉水直接汇入发源于长城岭下南麦腰、东麦腰、西麦腰村一带的山溪，溪水之上建有单孔石拱桥，以方便出入。溪水又向北流，经三岔注入西巴漏河。

山圣圈村始建于明初，因位于四面环山的圈形地，且村落繁盛，故名为"山盛圈"，后更名为"山圣圈"。据村中现存清光绪十九年（1893）《重修三圣神庙碑记》记载，"盖章邑城南明六里，山盛圈庄前旧有三圣堂一座"，供奉关帝、土地及山神。三圣堂原为关帝庙，遗址处现存清嘉

山圣泉　黄鹏摄

山圣泉　陈明超摄

庆二十四年（1819）《关帝庙碑记》，记载了创修关帝庙的经过。其后，村民为封山育林，保护泉源，又于 1933 年立"封山施树"碑，在长城岭（分水岭）下种植柏树，划清山林界限，确保山清水秀。

岳滋南泉

　　岳滋南泉位于章丘区垛庄镇岳滋村东南河道边。泉出村东南峪河道边石隙中，泉池为一天然石穴，今用水泥修筑成长方形水池，池长0.78米，宽0.68米，终年蓄水，旧时为村民饮用水源。岳滋南泉是东南峪水的主要水源之一。

　　岳滋南泉边有一棵核桃树，枝繁叶茂。为方便取水，又于河道上建一座单孔石拱桥。石桥一侧河道边另有一眼无名泉，砌成井形，置泵抽水，引入居民家。泉边小桥流水，宛若置身画中。

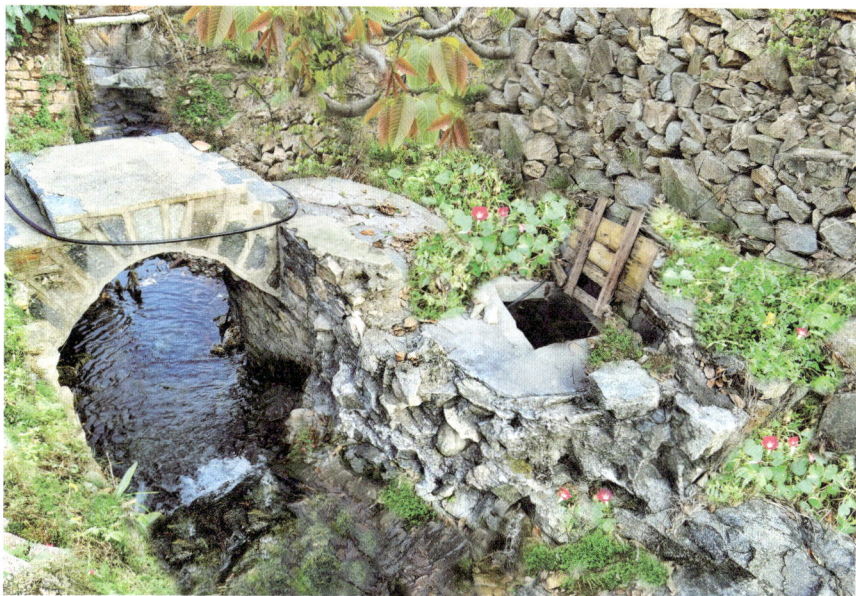

岳滋南泉　陈明超摄

　　岳滋村在长城岭山阴，山高林深，植被丰茂，在泉水滋养下，盛产多种中药材，故而村子原名为"药子"，后演变成"岳滋"，如今居民称村子为"药滋"。村四周有四条主要山峪，分别是武圣门下西北峪，玉堂泉瑶池下西南峪、南峪，以及鹊桥下东南峪。这些山峪中泉水众多，号称"百泉汇流"。其中，东南峪之水发源于七星台景区鹊桥下俗称"夫妻泉"的泉眼，西北流，纳众多山泉水，流至村中。

长寿泉

　　长寿泉位于章丘区垛庄镇岳滋村村委会北河道边。泉出河道边石隙中，垒为不规则石砌池，长 1.4 米，宽 1.1 米。因修路压盖在路基下，河道一侧开口，水满直接注入河道中。泉水常年不竭，为村民生活用水水源。此泉本无名，2021 年 8 月，被定名为"长寿泉"。

　　长寿泉所在的河道由岳滋村玉堂泉瑶池下西南峪、南峪之水汇流而成。泉边小巷幽然，房舍鳞次栉比，石桥、木桥随处可见，一派"小桥流水人家"的风光，是一处不可多得的泉水村落。

长寿泉　陈明超摄

夫妻泉

夫妻泉位于章丘区垛庄镇岳滋村东北大拇寨水库边。泉出村东沟大拇寨水库北侧山崖下土石之间，分上下两个泉池，隔公路相望，故分称"夫泉""妻泉"，合称"夫妻泉"。今上池水泥棚盖，长 4.7 米，宽 2 米，留井形取水口；下池石垒围堰，最大直径为 1.7 米，盈盈一湾，基本呈自然状态。

两泉之水常年不涸，用于浇灌周围农田。长城岭山阴之水在岳滋村合流后，成为西巴漏河的源头干流，东北流出村，在四角城村村下山峪间拦坝形成大拇寨水库。水库狭长，平时波光粼粼，盛水时节，水流自坝顶倾泻而下，訇然作响，蔚为壮观。

大拇寨水库上方凌空高架七星台索道，连接四角城村和七星台景区最南端的鹊桥。鹊桥下方是岳滋村东南峪，峪内有一泉，居民也称其为"夫妻泉"。两个夫妻泉，一在高山之巅，一在谷底之中，相映成趣。

夫泉　黄鹏摄

妻泉　黄鹏摄

玉堂泉

　　玉堂泉位于章丘区垛庄镇岳滋村村南七星台景区内。泉出蟠桃峰西南长城岭山阴山峪尽头，山深林密，泉水自山峪石缝间汩汩流出，汇为清浅一湾。泉池为不规则圆形，自然冲积而成。水满北流成河溪，是西巴漏河的源头之一。泉水至蟠桃峰下折东流，在高山峡谷间拦坝形成小型水库，称"瑶池"，传说是西王母沐浴净身之处，池正中建西王母塑像，池边立十二生肖石刻塑像和观世音菩萨塑像。

　　蟠桃峰形如蟠桃，峰顶置聚仙亭，山上古松林立，虬枝各异，壮观雄劲。泉水自瑶池下流后合四周山峪之水，汇集在岳滋村中，成西巴漏河干流。

玉堂泉泉池　黄鹏摄

蟠桃峰南侧为长城岭，最高峰天罗顶海拔850米，齐长城遗址蜿蜒岭上，雄奇壮观，森林覆盖率达85%。

　　玉堂泉西侧山岭间有著名的四界首，海拔832米，是章丘、历城、泰安、莱芜四地的交汇之处，同时还是古代齐国和鲁国两国的交界处，号称"一步跨两国，单脚踩四地"。清道光《章丘县志·山水考》记载："天罗顶，在县治西南百余里……峭壁竞秀，章邑西南诸山无高于此者。上有四界石，南泰安、东莱芜、东北章丘、西南历城也。巨河发源于山东峪中。"四界首所在的村落因此得名"四界首"，后改称"四角城"。